Effiziente Verwaltung

Michael Ahr

Effiziente Verwaltung

Strategien zur Prozessoptimierung, Digitalisierung und zum Bürokratieabbau. Wie die öffentliche Verwaltung ihre Handlungsfähigkeit wiedererlangt.

1. Auflage

Haufe

Bibliografische Information der Deutschen Nationalbibliothek

Die Deutsche Nationalbibliothek verzeichnet diese Publikation in der Deutschen Nationalbibliografie; detaillierte bibliografische Daten sind im Internet über http://dnb.dnb.de/ abrufbar.

Print:	ISBN 978-3-648-19394-5	Bestell-Nr. 12278-0001
ePub:	ISBN 978-3-648-19395-2	Bestell-Nr. 12278-0100
ePDF:	ISBN 978-3-648-19396-9	Bestell-Nr. 12278-0150

Michael Ahr
Effiziente Verwaltung
1. Auflage, Juni 2026

Munzinger Str. 9, 79111 Freiburg
www.haufe.de | info@haufe.de

Bildnachweis (Cover): © Traitov, iStock

Produktmanagement: Dipl.-Kfm. Kathrin Menzel-Salpietro
Lektorat: Hans-Jörg Knabel

Inhaltsverzeichnis

Vorwort

Kaum ein Thema wird derzeit in der öffentlichen Verwaltung und der politischen Öffentlichkeit so intensiv diskutiert wie Bürokratieabbau und Staatsmodernisierung. Studien, Reformpapiere und politisch Programme diagnostizieren Überlastung, Komplexität und Handlungsunfähigkeit. Häufig münden diese Analysen in Forderungen nach großen Reformagenden, gesetzlichen Änderungen oder umfassenden Strukturreformen. Diese Debatten sind wichtig, da sie die realen Probleme benennen und notwendige Rahmenbedingungen formulieren. Sie greifen jedoch zu kurz, wenn es darum geht, wie Verwaltungen selbst konkret handlungsfähiger werden können.

Dieses Buch setzt bewusst an einer anderen Stelle an. Es geht nicht davon aus, dass mehr Effizienz in der Verwaltung primär das Ergebnis großer Reformen ist, sondern vertritt die These, dass in nahezu allen Verwaltungen und Behörden erhebliche Einsparpotenziale vorhanden sind, die unabhängig von Gesetzesänderungen, neuen Programmen oder zusätzlichen Ressourcen realisiert werden können. Dieses Potenzial liegt nicht in einzelnen Methoden, Projekten oder Digitalisierungsinitiativen, sondern in der Art und Weise, wie Aufgaben entschieden, Prozesse formuliert, Standards gesetzt und Ressourcen gesteuert werden.

Die zentrale Annahme des Buches ist einfach und zugleich anspruchsvoll, sie folgt der Überzeugung, dass Effizienz nicht durch mehr Aktionismus entsteht, sondern durch eine veränderte Steuerungs- und Entscheidungslogik. Verwaltungen werden nicht handlungsfähiger, indem sie neue Vorhaben starten, sondern indem sie konsequent hinterfragen, was sie mit welchem Anspruch tun und was nicht. Diese Form der Selbstklärung mag im täglichen Verwaltungshandeln unbequem sein, sie ist jedoch gleichermaßen wirksam. Damit versteht sich das Buch ausdrücklich als Ergänzung zu den großen Reformdiskussionen, nicht als Gegenentwurf. Es negiert weder politische Verantwortung noch strukturelle Rahmenbedingungen. Es verschiebt jedoch den Fokus, weg von der Erwartung, dass Entlastung von außen durch große Reformen organisiert werden muss, hin zu der Frage, wie Verwaltungen innerhalb ihrer bestehenden Handlungsspielräume wirksamer und effizienter werden können.

Der Anspruch dieses Buches ist deshalb kein weiterer Reformappel, es will keine Blaupause liefern und keine Best-Practice-Ansätze propagieren, sondern richtet sich an Verwaltungsleitungen und Führungskräfte der öffentlichen Hand, die bereit sind, Verantwortung für die eigene Organisation zu übernehmen. Dabei geht es nicht um neue Programme, sondern um bewusste Entscheidungen, klare Prioritäten und eine konsequente Fokussierung auf die Steuerung der täglichen Verwaltungspraxis. Effizienz wird hier nicht als Sparprogramm verstanden, sondern als Führungs- und Steuerungsfrage – als Fähigkeit, mit knappen Ressourcen wirksam umzugehen, ohne den Anspruch öffentlicher Aufgabenerfüllung preiszugeben. Dies ist die Voraussetzung dafür, wieder Gestaltungsspielräume im Alltag zu gewinnen. Das Buch lädt dazu ein, die eigene Organisation nicht als Opfer struktureller Zwänge zu betrachten, sondern als handlungsfähigen Akteur. Es macht Mut zur Selbsthilfe in der Verwaltungstransformation, nicht als Ersatz notwendiger struktureller Reformen, sondern als sinnvolle Ergänzung. Denn unabhängig davon, wie die großen Debatten ausgehen, bleibt die Frage, wie heute entschieden und gesteuert wird, eine Führungsfrage vor Ort.

Dieses Buch kann, aber muss nicht als durchgehende Argumentation gelesen werden. Die Kapitel bauen logisch aufeinander auf, können jedoch auch gezielt genutzt werden, um bestimmte Fragestellungen zu vertiefen. Während die ersten Kapitel den Bezugsrahmen und die Denklogik klären, eröffnen die späteren Kapitel konkrete Zugänge zur Umsetzung in der eigenen Verwaltung. Leitgedanken und Arbeitsfragen helfen bei der individuellen Standortbestimmung und laden dazu ein, die eigene Organisation kritisch zu reflektieren. Das Buch gibt keine Rezepte vor, sondern stellt einen Ordnungsrahmen bereit, mit dem Verwaltungen ihren eigenen Weg zu mehr Effizienz entwickeln können, angepasst an ihre jeweilige Ausgangslage, ihre Aufgaben und ihre Führungskultur.

Zum Abschluss gilt mein Dank Dr. Lars Algermissen, Evanthia Lilli und Till Morgenstern, die mit ihren Praxisbeiträgen konkrete Wege aufzeigen, wie Aufgaben- und Zweckkritik, Standarddifferenzierung, Prozessoptimierung und Digitalisierung in der Praxis umgesetzt werden können, um Effizienzpotenziale zu heben und die Handlungsfähigkeit der Verwaltung, mit oder auch ohne externe Reformimpulse, deutlich zu erhöhen.

Ich wünsche Ihnen viel Freude beim Lesen.

Michael Ahr, im Frühling 2026

Begleitwort

Es ist Zeit für Veränderung. Nicht, weil Verwaltungen versagt hätten, sondern, weil sie zu lange versucht haben, unter Bedingungen handlungsfähig zu bleiben, die sich grundlegend gewandelt haben. Was wir heute erleben, ist kein individuelles Scheitern, sondern das Ergebnis eines Systems, das schleichend an seine Grenzen gelangt ist – lange überdeckt durch Engagement, Pflichtgefühl und Improvisationskunst. Die meisten Expert:innen, unabhängig von ihrer politischen oder gesellschaftlichen Perspektive, sind sich einig: Veränderung ist notwendig. Nicht aus Aktionismus, sondern aus Verantwortung. Denn die Frage, wo unsere Kommunen heute stehen, ist untrennbar mit der Frage verbunden, wie belastbar unsere demokratischen Strukturen im Alltag sind.

Kommunen sind weit mehr als Organisationseinheiten. Sie sind der Ort, an dem staatliches Handeln erleb- und bewertbar wird. Hier entscheidet sich, ob Verwaltung als handlungsfähig, fair und nachvollziehbar wahrgenommen wird oder als überfordert, schwerfällig und von den Lebensrealitäten der Menschen abgekoppelt. Vertrauen in den Staat entsteht nicht abstrakt. Es entsteht vor Ort. Deshalb sind starke Kommunen kein Selbstzweck, sondern eine zentrale Voraussetzung für demokratische Stabilität.

In meiner Arbeit für die Kommunale Gemeinschaftsstelle für Verwaltungsmanagement (KGSt) erlebe ich diese Realität täglich im Austausch mit Hauptverwaltungsbeamt:innen sowie mit Führungskräften und Mitarbeitenden. Viele dieser Gespräche ähneln sich. Da ist die Kämmerin, die erklärt, dass der Haushalt kaum noch Spielräume lässt, während neue Aufgaben hinzukommen oder – oft politisch gewollt – Standards angehoben werden sollen. Da ist der Fachbereichsleiter, der weiß, dass Prozesse zu kompliziert sind, aber im Tagesgeschäft keine Zeit findet, sie grundlegend zu verändern. Da sind Führungskräfte, die von Verfahren berichten, die immer komplexer werden, und von Digitalprojekten, die Hoffnung machen und zugleich neue Fragen aufwerfen. Und da sind Mitarbeitende, die motiviert gestartet sind und sich fragen, wie lange sie dieses Tempo noch halten können. Es ist kein Mangel an Einsatz, der Kommunen bremst. Es ist ein System, das an seine Grenzen kommt.

Was wir beobachten, ist keine Aneinanderreihung von Einzelfällen, sondern eine strukturelle Überforderung, die sich schleichend aufgebaut hat. Neue Aufgaben werden auf bestehende Strukturen aufgesetzt. Vorhandene Prozesse werden weiter verfeinert, statt grundlegend hinterfragt. Digitalisierung wird häufig additiv betrieben, als zusätzliche Schicht über analogen Prozessen. Die Hoffnung, mit punktuellen Einsparungen oder zusätzlichen Tools Entlastung zu schaffen, erfüllt sich selten. Effizienzprogramme bleiben oft bei pauschalen Kürzungen stehen, ohne die Wirkung systematisch mitzudenken. Das Ergebnis ist ein Verwaltungsalltag mit wachsender Komplexität, zunehmender Erschöpfung und immer weniger Raum für Gestaltung.

Hinzu kommt eine Führungsrealität, die vielerorts unter Druck geraten ist. Ich erlebe Führungskräfte, die den Status quo verwalten, statt ihren Verantwortungsbereich aktiv zu gestalten. Sie bewahren Althergebrachtes, weil es Sicherheit verspricht, wo Entwicklung notwendig wäre. Sie kontrollieren, wo Vertrauen und Verantwortung wachsen müssten. Mitarbeitende werden eingesetzt, aber nicht systematisch befähigt und gestärkt. Doch gerade jetzt braucht es Führung, die Veränderung nicht als Bedrohung begreift, sondern als Auftrag, bestehende Potenziale zu nutzen. In einer Zeit massiver Umbrüche ist alles andere ein Luxus, den sich Kommunen nicht leisten können.

Gleichzeitig zeigt sich in der täglichen Arbeit mit unseren Mitgliedskommunen: Genau in dieser Situation liegt eine große Chance. Der aktuelle Handlungsdruck eröffnet die Möglichkeit, Grundsätzliches zu hinterfragen. Dort, wo Kommunen beginnen, ehrlich hinzusehen, entsteht Bewegung. Wenn Aufgaben und Standards kritisch überprüft und Prozesse konsequent vereinfacht werden. Wenn Digitalisierung nicht als IT-Projekt, sondern als Organisationsentwicklung verstanden wird. Und wenn Führung den Mut hat, Verantwortung zu teilen und Mitarbeitende wachsen zu lassen. Dann entstehen neue Spielräume. Denn auch bei knappen Haushalten lässt sich mit klaren Prioritäten, gemeinsamem Handeln und kreativen Lösungen viel erreichen.

Aus dieser Perspektive ist dieses Buch entstanden. Es versteht sich nicht als abgeschlossener Lösungsraum, sondern als Beitrag zu einem gemeinsamen Lernprozess. Es zeigt, wie nachhaltige Effizienz im öffentlichen Sektor gelingen kann: durch das Zusammenspiel von strategischer Leistungsüberprüfung, Prozessoptimierung und intelligenter Automatisierung. Effizienz wird dabei nicht als Sparprogramm verstanden, sondern als Haltung und Qualitätsversprechen. Ziel muss es sein, die vorhandenen Ressourcen so einzusetzen, dass spürbare Wirkung entsteht – für Mitarbeitende, für Organisationen und für die Menschen, die auf funktionierende Kommunen angewiesen sind. Dieses Buch ist kein Rezept und keine Abkürzung. Es ist eine Einladung. Eine Einladung, Routinen zu hinterfragen, Verantwortung neu zu denken und gemeinsam wirksame Antworten zu entwickeln. Es richtet sich an alle, die nicht beim Bekannten stehen bleiben wollen, sondern bereit sind, den nächsten Schritt zu gehen: vernetzt, lernend und wirkungsorientiert. Denn starke, wirksame Kommunen entstehen nicht irgendwann. Nicht mit dem nächsten Haushalt. Nicht nach der nächsten Wahl. Sondern durch gemeinsames Handeln. Jetzt.

Maximilian Welter
Vertreter des Vorstandes und Leiter der Geschäftsbereiche der KGSt

1 Die öffentliche Hand in der Überforderungsschleife

Dieses Buch beginnt nicht mit Lösungen, Methoden oder Reformvorschlägen, sondern mit einer Bestandsaufnahme der heutigen Verwaltungsrealität. Kapitel 1 beschreibt die strukturelle Überforderung vieler Verwaltungen und Behörden, wie sie heute deutschlandweit erlebt wird, als ein Dauerzustand und damit als ein systematisches Problem. Ziel des Kapitels ist es nicht, Schuld zuzuweisen oder Defizite zu benennen, sondern den Problemraum präzise zu vermessen. Die Überforderung, die hier beschrieben wird, ist kein individuelles Versagen von Führungskräften oder Mitarbeitenden, sondern das Ergebnis eines Systems, in dem Aufgabenbestände anwachsen, sich Standards verdichten und Erwartungen steigen. Das Kapitel legt die analytische Grundlage für das gesamte Buch, indem es sichtbar macht, warum punktuelle Verbesserungen und gut gemeinte Effizienzinitiativen keine strukturelle Entlastung erzeugen und weshalb Verwaltungen trotz großer Anstrengung kaum Handlungsfähigkeit zurückgewinnen. Gleichzeitig erfüllt das Kapitel eine wichtige Abgrenzungsfunktion. Es zeigt, dass Effizienz nicht als Sparinstrument oder technisches Optimierungsproblem verstanden werden darf. Wer die Ursachen der Überforderungsschleife nicht systematisch hinterfragt, wird Effizienz zwangsläufig missverstehen und Lösungen ohne nachhaltige Wirkung entwickeln, die zusätzlichen Aufwand erzeugen. Das Kapitel eröffnet damit den Denkraum für die folgenden Kapitel, indem es erklärt, warum ein anderes Verständnis von Effizienz notwendig ist, ohne dies bereits auszuformulieren. Die eigentliche Auseinandersetzung mit Effizienz als Führungs- und Steuerungsentscheidung beginnt erst im nächsten Schritt.

1.1 Die systematische Überforderung der Verwaltung

Verwaltungen befinden sich seit Jahren in einem Zustand permanenter Überlastung. Dabei handelt es sich um kein kurzfristiges Phänomen, keine Folge konjunktureller Auswirkungen und auch nicht um das Ergebnis einzelner Fehlentscheidungen. Die Überforderung hat vielmehr grundlegende strukturelle Ursachen. Auf nahezu allen Verwaltungsebenen zeigt sich ein ähnliches Bild. Ein fortwährender Anstieg an Aufgaben, wachsende regulatorische Anforderungen, steigende Erwartungen von Politik und Bevölkerung bei gleichzeitig begrenzten personellen, finanziellen und zeitlichen Ressourcen. Auffällig ist dabei weniger, dass diese Belastungen vorhanden sind, sondern vielmehr ihre Dauerhaftigkeit.

> *Überforderung ist kein Ausnahmezustand einzelner staatlicher Stellen mehr, sondern der Normalmodus im Verwaltungsalltag.*

Die Priorisierung von Aufgaben erfolgt dabei häufig implizit, situativ und reaktiv, was zur Folge hat, dass strategische Steuerung hinter kurzfristige Problembewältigung zurücktritt. Die Verwaltung arbeitet unter hohem Druck an Entlastungsmaßnahmen, ohne dabei spürbar an Handlungsfähigkeit zu gewinnen. Gleichzeitig ist diese Situation keineswegs das Ergebnis von Reformunwilligkeit oder Stillstand. In der Realität ist kaum ein Bereich in den letzten Jahren so stark mit Veränderungsinitiativen konfrontiert worden wie die öffentliche Verwaltung. Digitalisierungsvorhaben, Organisationsuntersuchungen, Prozessmanagement, Programme zum Bürokratieabbau, Projekte zur Personalgewinnung und -bindung, neue Steuerungsinstrumente, Berichtspflichten und Förderprogramme prägen den Verwaltungsalltag. Die öffentliche Hand ist also durchaus in Bewegung, dennoch bleibt der Eindruck, dass sich an der strukturellen Überlastung wenig ändert. Diese Gleichzeitigkeit von Reformaktivitäten und anhaltender Überforderung ist der zentrale Ausgangspunkt dieses Buches. Sie verweist auf ein grundlegendes Spannungsverhältnis, in dem Verwaltungen zwar viel verändern, jedoch keine strukturelle Veränderung in der Tiefe mit nachhaltigem Erfolg zu erfolgen scheint. Vielmehr investieren Verwaltungen erhebliche Energie in Verbesserungen, ohne dass eine spürbare Entlastung eintritt. Die Frage kann daher nicht sein, warum Verwaltungen nichts tun, sondern warum die Vielzahl an Aktivitäten so selten zu nachhaltiger Entlastung führt.

Ein Blick auf die tägliche Arbeitspraxis in deutschen Verwaltungen zeigt typische Symptome dieser Überlastung. Führungskräfte und Mitarbeitende berichten von einer stetigen Arbeitsverdichtung. Neue Aufgaben kommen hinzu, bestehende Aufgaben werden komplexer, alte Aufgaben verschwinden kaum oder gar nicht. Dabei laufen Projekte parallel zum Tagesgeschäft, ohne dass dieses im Ausgleich spürbar reduziert würde. Zeit für konzeptionelle Arbeit, strategische Reflexion oder systematische Steuerung ist kaum vorhanden. Entscheidungen müssen häufig unter Zeitdruck getroffen werden, mit dem Ziel, kurzfristig Probleme zu lösen oder Risiken zu minieren, ohne dass damit langfristige Entlastungswirkungen erzielt würden. Hinzu kommt, dass die Steuerung der Verwaltung zunehmend weniger beherrschbar wird. Häufig überlagern sich Vorgaben, Förderlogiken, politische Entscheidungen und gesellschaftliche Erwartungen und führen zu einer kaum überschaubaren Komplexität. Das Verwaltungshandeln wird so nicht nur komplexer, sondern auch thematisch fragmentierter. Als Reaktion werden zusätzliche Aufgaben verteilt, Zuständigkeiten ausdifferenziert und die Anzahl an Schnittstellen zur Erledigung von Aufgaben steigt. In der Folge steigen Abstimmungs- und Koordinierungsaufwände. Was auf dem Papier nach Spezialisierung und Professionalisierung aussieht, führt in der Praxis jedoch häufig zu Reibungsverlusten und hohen Steuerungsaufwänden.

In dieser Situation lässt sich ein scheinbar paradoxes Verhalten beobachten.

> *Je größer der Druck, desto stärker neigen Verwaltungen, dazu auf bekannte Muster zuzugreifen.*

Probleme werden in Projekte übersetzt, Projekte werden über umfassende Architekturen perfektioniert, Prozesse detailliert beschrieben und Zuständigkeiten sauber abgegrenzt. Diese Vorgehensweise ist für sich gesehen rational und fachlich begründbar. Sie signalisiert darüber hinaus das Gefühl von Kontrolle und Professionalität im Umgang mit den Herausforderungen. Gleichzeitig bindet sie jedoch eine Vielzahl an verwaltungsinternen Ressourcen, ohne zwangsläufig die hinter den Herausforderungen stehenden Belastungsursachen zu adressieren. Besonders deutlich wird dies bei der Vielzahl an Effizienz- und Modernisierungsinitiativen. Fast jede Verwaltung kann auf eine lange Liste abgeschlossener, laufender oder zumindest geplanter Projekte blicken. Prozessmanagement-Einheiten werden als Stabsstellen oder in den Organisationsbereichen etabliert, Digitalisierungsvorhaben gestartet und Organisationsstrukturen angepasst. Oft sind diese Vorhaben sorgfältig konzipiert, verfügen über klare Ziele, Zeitpläne und Beteiligungsformate. Und doch bleibt der Effekt auf die Gesamtorganisation begrenzt. Die Projekte existieren nebeneinander und die Auswirkungen zeigen sich häufig nur punktuell und ohne tiefergehenden strukturellen Nutzen für die Gesamtorganisation. Dies führt zu einer weiteren, häufig unterschätzen Folge der Überforderung, nämlich einer Reformmüdigkeit. Wenn der hohe Einsatz an Engagement und Zeit keine dauerhaften strukturellen Wirkungen entfaltet, verpufft der Nutzen solcher Initiativen und mit ihm die Motivation der Mitarbeitenden. Führungskräfte und Mitarbeitende erleben, dass Veränderungsinitiativen zusätzlichen Aufwand erzeugen, ohne den Arbeitsalltag spürbar zu entlasten. In der Folge wächst die Skepsis gegenüber der nächsten Reforminitiative, Engagement wird selektiv, Beteiligung formell. Veränderung wird dann nicht mehr als Chance erlebt, sondern als zusätzliche Belastung mit unklarem Nutzen wahrgenommen. Damit verliert die Verwaltung nicht nur an Effizienzpotenzial, sondern auch an Gestaltungsenergie.

Gleichzeitig verschärfen sich die externen Rahmenbedingungen für die öffentliche Hand. Die finanzielle Lage vieler Kommunen und Länder ist angespannt. Haushaltskonsolidierung, Schuldenbremsen und steigende Sozialausgaben begrenzen den Handlungsspielraum der öffentlichen Verwaltung zunehmend. Darüber hinaus ist mittlerweile auch der Fachkräftemangel immer stärker zu spüren und führt zu weiteren Überlastungen aufgrund unbesetzter Stellen. Durch Fluktuation geht Fachwissen verloren und aufgrund der Personalknappheit verlängern sich die Einarbeitungszeiten neuer Mitarbeitender.

Die Verwaltung steht vor der Herausforderung, mit weniger Personal immer mehr leisten zu müssen, um handlungsfähig zu bleiben.

Dies gelingt jedoch zunehmend weniger. Diese Gemengelage macht deutlich, dass die Überforderung der Verwaltung kein Problem einer einzelnen Organisation ist, sondern ein strukturelles Problem der gesamten öffentlichen Hand. Es handelt sich um ein systemisches Phänomen, das sich aus dem Zusammenspiel von Aufgabenzuwachs, steigenden Ansprüchen an die Verwaltungsleistung, begrenzten Ressourcen und einer Reformlogik ergibt, die auf punktuelle Verbesserungen setzt. Genau hier liegt der Kern des Problems. Solange Effizienz als Summe einzelner Maßnahmen verstanden wird, bleiben die strukturellen Wirkungen begrenzt und die Gesamtorganisation weitestgehend ungesteuert. Während Verbesserungen lokal erfolgen, wirken die Belastungen organisationsweit.

Ein weiterer Aspekt verstärkt diese Dynamik, und zwar der implizite Anspruch an Qualität und Gleichbehandlung im Verwaltungshandeln. In vielen Verwaltungen gilt nach wie vor die Vorstellung, jede Aufgabe müsse mit maximaler Sorgfalt, in voller Tiefe und als individueller Einzelfall bearbeitet werden. Abweichungen davon werden als Qualitätsverlust oder Ungleichbehandlung betrachtet. Diese Haltung ist normativ gut begründet und nachvollziehbar, sie führt aber in der Praxis dazu, dass Ressourcen unabhängig vom tatsächlichen Wirkbeitrag einer Aufgabe überall gleichermaßen intensiv eingesetzt werden. Effizienz und Priorisierung wird so nicht als bewusste Entscheidung, sondern als potenzielle Gefährdung professionellen Handelns wahrgenommen.

> *Die Folge ist eine schleichende Verschiebung von Verantwortung, indem Entscheidungen über Prioritäten, Leistungsumfang und Bearbeitungstiefe (wenn auch unbewusst) in die operative Ebene auf die jeweiligen Mitarbeitenden verlagert werden. Diese müssen aufgrund ihrer Überlastung zwangsläufig mit den daraus resultierenden Folgen für ihren Arbeitsalltag umgehen und ihre Arbeitsweisen anpassen – und dies ohne eine bewusste Steuerung durch die Verwaltung.*

In der heutigen Verwaltungspraxis konzentriert sich Führung mehr auf Koordinierung und Qualitätssicherung und weniger auf Management und Gestaltung. Indem auf Anforderungen lediglich reagiert wird, anstatt sie aktiv zu steuern, wird Verwaltungshandeln reaktiv. Die Organisation gerät in eine Schleife, in der Überlastung zu weiteren Projekten führt, Projekte zu zusätzlicher Belastung, und zusätzliche Belastung wiederrum neue Reformen und Maßnahmen erforderlich erscheinen lässt. Diese Schleife ist kein Ausdruck von Inkompetenz, sondern das Ergebnis eines fehlenden übergeordneten Steuerungsrahmens. Verwaltungen verfügen über Methoden, Instrumente und Fachwissen, um Probleme zu lösen und Anforderungen sachgerecht umzusetzen. Was ihnen fehlt, ist eine klare Logik, wie diese Mittel so eingesetzt werden können, dass sie zur strukturellen Entlastung der Gesamtorganisation beitragen. Ohne einen solchen übergeordneten Steuerungsrahmen bleibt Effizienz punktuell, zufällig und im schlechtesten Fall ohne Wirkung.

An diesem Punkt setzt dieses Buch an. Nicht um weitere Reforminstrumente vorzustellen oder bestehende Methoden zu perfektionieren, sondern die zugrundeliegende Denk- und Steuerungslogik heutiger Reformprojekte zu hinterfragen, die Verwaltungen immer wieder in die Überforderungsschleife führen. Erst wenn diese Logik sichtbar geworden ist, lässt sich verstehen, warum gut gemeinte Initiativen ihre Wirkung verfehlen und was es stattdessen braucht, um Verwaltungen durch das Heben struktureller Effizienzpotenziale dauerhaft handlungsfähig zu machen.

Reflexionsfragen

- Wo erleben wir Überforderung als Normalzustand, nicht als Ausnahme?
- Welche Symptome deuten darauf hin, dass Probleme strukturell verursacht sind?
- Wo schreiben wir Überforderung Personen, nicht Strukturen zu?
- Welche Formen von Dauerimprovisation haben sich etabliert?

1.2 Warum punktuelle Optimierungen nicht ausreichen

Wenn Verwaltungen ihre anhaltende Überforderung erklären, greifen sie häufig auf ein Set wiederkehrender Denkmuster zurück. Diese Erklärungen sind vertraut, plausibel und auf den ersten Blick auch überzeugend. Sie prägen interne Diskussionen, politische Debatten und dienen nicht selten als Begründung für neue Reforminitiativen. Gerade weil sie so eingängig sind, entfalten sie eine erhebliche Wirkung im täglichen Verwaltungshandeln. Ihre Schwäche liegt jedoch darin, dass sie zwar vieles erklären, jedoch nicht das wirklich Entscheidende. Der Personalmangel wird als eine der am häufigsten genannten Ursachen für eine fortlaufende Überforderung genannt, und in der Tat ist die Personalsituation in vielen Verwaltungen angespannt. Demografischer Wandel, Fachkräftemangel, Vergütungsgefüge und Konkurrenz mit anderen Branchen erschweren die Besetzung offener Stellen. Erfahrungswissen geht verloren, Arbeitsbelastungen steigen, Einarbeitungszeiten verlängern sich. Der Ruf nach mehr Personal erscheint daher naheliegend und oft auch berechtigt. Problematisch wird diese Erklärung jedoch, wenn sie zur universellen Antwort auf strukturelle Probleme wird. Denn auch Verwaltungen, die zeitweise zusätzliche Stellen erhalten oder die vorhandenen Stellen besetzt bekommen, berichten selten von einer nachhaltigen Entlastung.

> *Mehr Personal verteilt die Belastung auf mehr Köpfe, verändert aber nicht automatisch die Logik, nach der Aufgaben priorisiert, Standards definiert und Ressourcen eingesetzt werden.*

Eng damit verbunden ist der Verweis auf rechtliche Vorgaben. Gesetze, Verordnungen und Richtlinien werden als zentrale Effizienzhemmnisse wahrgenommen. Sie seien zu detailliert, zu komplex, zu widersprüchlich oder zu praxisfern. Auch diese Wahrnehmung ist nicht unbegründet, da rechtliche Rahmenbedingungen den Handlungsspielraum von Verwaltungen zweifelsohne erheblich beeinflussen. Dennoch greift auch diese Erklärung zu kurz, weil sie ausblendet, dass rechtliche Vorgaben in sehr unterschiedlicher Weise umgesetzt werden können. Gerade auf der Ebene des Verwaltungsvollzugs haben Verwaltungen in der Regel viel Spielraum für eigene Gestaltung. Dieser Spielraum liegt dabei im Wie und nicht im Ob und wird selten bewusst genutzt.

> *Wo jede rechtliche Anforderung automatisch in eine bestmögliche Aufgabenerledigung übersetzt wird, entsteht Überlastung, und zwar unabhängig davon, ob das Recht tatsächlich auch Spielräume im Aufgabenvollzug ermöglicht.*

Eine weitere verbreitet anzutreffende Erklärung ist, dass die Verwaltung noch nicht ausreichend digital geworden ist, um effizienter arbeiten zu können. Digitalisierung gilt als Schlüssel für Effizienzsteigerung, als Mittel zur Beschleunigung von Prozessen und zur Entlastung von Mitarbeitenden. Entsprechend hoch sind die Erwartungen an die Digitalisierungsinitiativen in den Verwaltungen. Bleibt die erhoffte Wirkung aus, wird dies häufig auf unzureichende technische Ausstattung, fehlende IT-Ressourcen oder langsame Umsetzungsprozesse zurückgeführt. Auch dieser Erklärungsansatz ist ein Teil der Wahrheit. Gleichzeitig zeigt die Praxis jedoch, dass digitale Lösungen für sich genommen selten zu strukturellen Entlastungen führen. In vielen Fällen werden bestehende Abläufe und Mitzeichnungsschleifen digital abgebildet, ohne ihren Zweck oder ihre Notwendigkeit zu hinterfragen. Die Folge sind effizientere, aber nicht weniger aufwendige Prozesse.

> *Digitalisierung führt über die digitale Nachzeichnung analoger Verwaltungsprozesse zur Verstärkung bestehender Logiken, nicht zu deren Infragestellung.*

Nicht selten wird schließlich auf kulturelle Faktoren verwiesen. Mitarbeitende seien reformmüde, Führungskräfte zu vorsichtig, Veränderungen würden nicht ausreichend kommuniziert, Mitarbeitende fühlten sich nicht mitgenommen. Mit dieser Erklärung wird der Fokus auf individuelle Einstellungen und Verhaltensweisen verschoben. Sie suggeriert, dass Effizienz vor allem eine Frage von Motivation, Haltung oder Kommunikationsqualität sei. Zweifelsohne spielt die Organisationskultur im Rahmen von Veränderungsprojekten eine Rolle. Doch als Erklärung für strukturelle Überforderung ist sie nicht überzeugend. Wo Organisationen dauerhaft überlastet sind, liegt dies selten an mangelndem Engagement. Vielmehr ist zu beobachten, dass Mitarbeitende versuchen, den steigenden Anforderungen durch Mehrarbeit, Improvisation und persönlichen Einsatz gerecht zu werden und das, bis an die Grenzen der individuellen Belastbarkeit.

Gemeinsam ist all diesen Erklärungen, dass sie jeweils einen Aspekt der Realität beleuchten, dabei jedoch keine zutreffende Beschreibung des Gesamtbildes liefern. Das Problem mit diesen Erklärungen ist, dass sie Überforderung als Summe einzelner Defizite beschreiben. Daraus ergibt sich eine Reformlogik, die ebenfalls fragmentiert ist und Lösungen für die einzelnen Probleme zu finden versucht. Auf Personalmangel folgt dann ein Personalprogramm, auf rechtliche Anforderungen ein Bürokratieabbauprojekt, auf digitale Defizite eine Digitalisierungsinitiative. Jede Maßnahme ist für sich genommen nachvollziehbar, zusammengenommen verstärken sie jedoch häufig genau jene Überforderungsdynamiken, die sie eigentlich auflösen sollen.

Das Problem dieser Erklärungen liegt nicht darin, dass sie falsch wären, sondern darin, dass sie den Blick für das dahinterliegende strukturelle Problem versperren und zu singulären und lediglich begrenzt wirkenden Lösungen führen.

Die Erklärungen finden allesamt keine Antwort auf die Frage, wie Verwaltungen insgesamt gesteuert werden müssen, um mit der Vielzahl unterschiedlicher Herausforderungen umgehen zu können. Sie erlauben es, Effizienzprobleme an externe Faktoren oder funktionale Defizite zu delegieren. Vor allem vermeiden sie die Auseinandersetzung mit Prioritäten. Solange Überforderung auf Ressourcenmangel oder äußere Zwänge zurückgeführt wird, bleibt unklar, welche Aufgaben tatsächlich im Zentrum des Verwaltungshandeln stehen sollten und welche zwar erledigt werden müssen, aber nicht denselben Einsatz rechtfertigen. Hinzu kommt, dass diese Erklärungen häufig eine Eskalationslogik erzeugen. Wird Überforderung primär als Mangel interpretiert, liegt die Lösung immer in der Forderung nach mehr Ressourcen, sei es mehr Personal, mehr Geld, mehr Technik oder weitere Projekte. Bleibt die Entlastung aus, verstärkt sich der Eindruck, dass die eingesetzten Mittel noch nicht ausreichen. Effizienz wird so zu einem permanenten Nachholversprechen. Die Organisation befindet sich im Dauerzustand des Mangels. Besonders problematisch ist dabei die implizite Annahme, Effizienz lasse sich additiv herstellen. Einzelne Maßnahmen werden nebeneinandergestellt, ohne ihre Wechselwirkungen und eine sinnvolle Stufenlogik zu betrachten. Die Frage, ob neue Initiativen bestehende Aufgaben ersetzen oder reduzieren spielt kaum eine Rolle. Vielmehr kommen neue Anforderungen zu bestehenden hinzu. Effizienz entsteht so nicht als Ergebnis bewusster Entscheidungen, sondern als Hoffnung auf einen kumulativen Effekt vieler Einzelmaßnahmen. Diese Logik prägt auch den Umgang mit Qualität und Gleichbehandlung. In vielen Verwaltungen gilt die unausgesprochene Regel, dass jede Aufgabe mit größtmöglicher Sorgfalt zu erledigen ist. Abweichungen von diesem Prinzip werden als rechtliches, fachliches oder reputatives Risiko wahrgenommen. Effizienz gerät dadurch in einen Rechtfertigungszwang. Sie erscheint als potenzieller Gegensatz zu Qualität, nicht als deren Voraussetzung. Die Folge ist eine defensive Haltung, nach der alles möglichst gründlich bearbeitet wird, anstatt bewusst zu priorisieren und angreifbar zu werden. Diese unzureichenden Erklärungen haben somit eine doppelte Wirkung. Sie liefern scheinbar plausible Gründe für die Überforderung und legitimieren zugleich eine Reformpraxis, die auf Einzelinitiativen setzt und zu weiterer Überforderung führt.

Was Verwaltungen heute fehlt ist eine übergeordnete Perspektive, die Effizienz nicht als Ergebnis vieler Maßnahmen, sondern als Ausdruck einer klaren Steuerungslogik versteht. Solange eine solche Perspektive fehlt, bleiben Reformen punktuell, Ressourcen gebunden und Entlastung zufällig.

Damit wird deutlich, dass die anhaltende Überforderung der Verwaltung nicht primär das Resultat externer Zwänge und interner Defizite ist. Sie ist die Folge einer Verwaltungslogik, die Effizienz als technisches oder ressourcenbezogenes Problem behandelt. Genau diese Logik muss hinterfragt werden, wenn Verwaltungen dauerhaft handlungsfähig bleiben sollen. Bevor neue Lösungen entwickelt werden, ist daher zu klären, warum die bisherigen Ansätze so wenig Wirkung entfalten und welche Logik stattdessen erforderlich ist.

Reflexionsfragen

- Welche Probleme bearbeiten wir immer wieder neu, ohne dass sie verschwinden?
- Wo setzen wir auf Einzelmaßnahmen, obwohl die Ursachen vielschichtiger sind?
- Welche Initiativen erzeugen kurzfristige Entlastung, aber keine nachhaltige Veränderung?
- Wo halten wir Aktivität bereits für Fortschritt?

1.3 Effizienz als Steuerungsproblem

Um zu verstehen, warum Verwaltungen trotz hoher Reformaktivität dauerhaft überlastet bleiben, reicht es nicht aus, einzelne Ursachen zu betrachten. Entscheidend ist das Zusammenspiel von Problemdruck, Reaktionsmustern und organisatorischen Routinen. Erst aus dieser Perspektive wird sichtbar, dass Überforderung kein zufälliges Nebenprodukt, sondern das Ergebnis einer wiederkehrenden Verhaltenslogik ist. Die Folgen dieser Logik lassen sich als Überforderungsschleife beschreiben.

Am Anfang dieser Schleife steht meist ein realer und in der Regel unbestrittener Problemdruck. Aufgaben nehmen zu, Fristen verdichten sich, politische Erwartungen steigen, Ressourcen bleiben begrenzt. Dieser Druck wird in der Organisation sehr konkret im täglichen Verwaltungshandeln wahrgenommen, indem Rückstände zunehmen, sich Beschwerden häufen, Mitarbeitende an ihrem Limit arbeiten und Fehlzeiten steigen. Der Handlungsbedarf ist offensichtlich und erzeugt einen hohen Erwartungsdruck auf Führungskräfte und Entscheidungsträger. Nicht zu handeln ist daher keine Option. Die typische Reaktion auf diesen Druck besteht darin, das Problem über ein Vorhaben lösen zu wollen, das die Überlastung reduzieren soll. In der Folge wird das Problem analysiert, Lösungswege konzipiert und geplant, wie sich die Belastungen reduzieren lassen. Dieses Vorgehen ist rational und entspricht dem in Verwaltungen etablierten Instrumentarium. Projekte signalisieren Handlungsfähigkeit, Struktur und Professionalität. Sie sind sichtbar, kommunizierbar und politisch anschlussfähig. Innerhalb dieser Projekte wird häufig mit einem hohen Anspruch an eine gute Lösung gearbeitet. Prozesse sollen vollständig neu erfasst, Standards umfassend beschrieben und Abläufe lückenlos dokumentiert werden. Ziel ist es, die Komplexität beherrschbar zu machen, Risiken zu minimieren und belastbare Ergebnisse zu erzeugen.

> *Perfektion erscheint als notwendige Voraussetzung für Qualität und Akzeptanz. Gerade in einem rechtlich geprägten Umfeld wirkt dieser Anspruch plausibel, hat jedoch verheerende Nebenwirkungen.*

An diesem Punkt setzt nämlich eine Dynamik ein, die die Überforderungsschleife weiter antreibt. Denn der hohe Anspruch an Vollständigkeit und Tiefe bindet erhebliche Ressourcen. Projekte laufen parallel zum Tagesgeschäft, ohne dieses substanziell zu entlasten. Mitarbeitende und Führungskräfte investieren Zeit, Aufmerksamkeit und Energie in Analysen, Abstimmungen und die notwendige Dokumentation. Die Organisation arbeitet mehr, und die Belastungen nehmen zu anstatt ab. Die eigentliche Überforderung wird nicht aufgehoben, sondern überlagert. Hinzu kommt, dass Projekte in der Regel isoliert voneinander agieren. Jedes Vorhaben betrachtet einen Ausschnitt der Organisation, eine Aufgabe, einen Prozess oder ein Instrument. Die Ergebnisse mögen innerhalb dieses Ausschnitts sinnvoll sein, entfalten aber kaum Wirkung auf die Gesamtorganisation. Es fehlt ein verbindender Rahmen, der sicherstellt, dass einzelne Verbesserungen zusammenwirken und zu einer strukturellen Entlastung führen. Verbesserungen bleiben lokal, Belastungen wirken organisationsweit. Bleibt die erhoffte Entlastung aus, verstärkt sich der ursprüngliche Problemdruck. Rückstände bestehen fort, neue Anforderungen kommen hinzu, die Arbeitsbelastung sinkt nicht. In der Organisation entsteht der Eindruck, dass die bisherigen Maßnahmen noch nicht ausgereicht haben. Die naheliegende Schlussfolgerung lautet dann, dass es weitere Projekte, mehr Tiefe und bessere Konzepte braucht, um der Überforderung nachhaltig zu begegnen. Die Überforderungsschleife beginnt erneut, jedoch auf einem weiter gestiegenen Belastungsniveau, weil innerhalb des hier beschriebenen Reaktionsmusters keine priorisierenden Entscheidungen getroffen wurden.

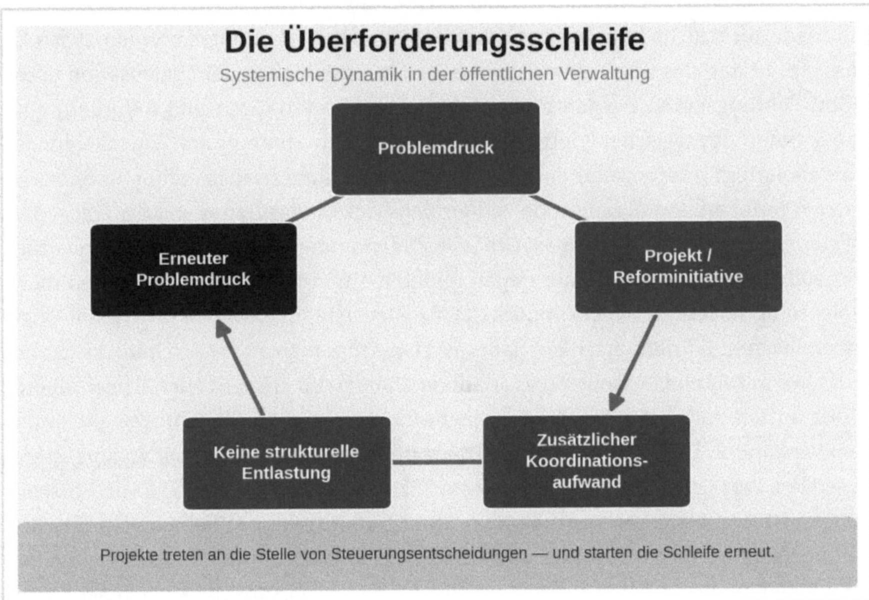

Abb. 1: Die Überforderungsschleife

Diese Logik erklärt, warum Verwaltungen häufig eine hohe Projektdichte aufweisen, ohne spürbar handlungsfähiger zu werden. Projekte treten an die Stelle dringend notwendiger Steuerungsentscheidungen über Prioritäten, Leistungsumfang und Ressourceneinsatz.

Auf diese Weise bleibt die Organisation im Modus reaktiven Handelns gefangen. Ein zentraler Verstärker dieser Schleife ist der Umgang mit Unsicherheit. Sie erfordert Entscheidungen darüber, was weniger wichtig ist, wo Standards abgesenkt werden können und welche Leistungen nicht in gleicher Tiefe erbracht werden müssen. Solche Entscheidungen sind jedoch angreifbar – fachlich, politisch und medial. Projekte und Programme hingegen verteilen die Verantwortung, erzeugen Prozesssicherheit und lassen offen, welche Konsequenzen am Ende tatsächlich gezogen werden. Sie bieten Schutz vor Fehlern, nicht vor Überlastung.

Die Überforderungsschleife wird zudem durch die Vorstellung begünstigt, dass sich Effizienzen schrittweise und additiv realisieren lassen. Jede Optimierung, jede Digitalisierung, jede organisatorische Anpassung soll einen kleinen Beitrag zur Steigerung der Effizienz und Entlastung der Verwaltung leisten. In der Summe, so die Hoffnung, entsteht dauerhafte und nachhaltige Entlastung. Übersehen wird, dass Entlastung nur entsteht, wenn Belastungen aktiv reduziert und Aufgabenprioritäten bewusst gesetzt werden. Ohne bewusste Entscheidungen über Aufgabenstand und Bearbeitungstiefe führt jede zusätzliche Initiative zunächst zu Mehrarbeit. Besonders problematisch ist, dass diese Handlungslogik langfristig die Steuerungsfähigkeit der Organisation untergräbt. Führungskräfte werden zu Koordinatoren von Projekten und Anforderungen, dabei treten strategische Priorisierungsfragen in den Hintergrund. Entscheidungen werden vertagt oder – wenn auch teils unbewusst, aber zwangsläufig – in operative Ebenen verlagert. Die Organisation verliert den Blick für das Ganze, mit der Folge, dass Effizienz nicht mehr als gestaltbare Größe wahrgenommen wird, sondern als Erwartung von außen, der man mit immer neuen Initiativen und Maßnahmen begegnen muss. Gleichzeitig verfestigt sich ein implizites Effizienzverständnis, das scheinbar mit Qualität konkurriert. Effizienz erscheint dabei als etwas, das man auch noch berücksichtigen muss, wenn Zeit und Ressourcen es erlauben. Damit wird Effizienz zur nachgeordneten Größe anstatt zum leitenden Prinzip einer effizienzbasierten Steuerungslogik. In diesem Verständnis ist es konsequent, Effizienz über Projekte und Methoden adressieren zu wollen. Was fehlt, ist die Einsicht, dass Effizienz vor allem eine Frage von Entscheidungen ist und nicht von Instrumenten. Die Überforderungsschleife macht deutlich, warum Verwaltungen trotz hoher Aktivität an ihre Grenzen stoßen. Sie zeigt, dass Probleme weniger in einzelnen Maßnahmen liegen, sondern in der Logik, nach der sie eingesetzt werden.

Solange Überforderung mit immer neuen Initiativen beantwortet wird, ohne den Aufgabenbestand und Leistungsumfang systematisch zu steuern, bleibt Entlastung zufällig. Die Organisation bewegt sich, aber sie kommt nicht voran.

Diese Erkenntnis ist unbequem, weil sie den Blick auf Führung und Steuerung lenkt. Sie legt nahe, dass Effizienz nicht delegiert werden kann, sondern entschieden werden muss. Genau an dieser Stelle beginnt der Perspektivwechsel, der für eine nachhaltige Entlastung notwendig ist. Bevor jedoch beschrieben werden kann, wie ein solcher Wechsel aussehen kann, ist eine letzte Konsequenz zu ziehen, und zwar, dass mehr vom Gleichen die Überforderung nicht auflösen wird, sondern sie vielmehr auf Dauer stabilisiert.

Reflexionsfragen

- Wo fehlt uns ein übergreifendes Bild über unsere Leistungsfähigkeit?
- Welche Entscheidungen treffen wir implizit, ohne sie als Steuerungsentscheidungen zu begreifen?
- Wo reagieren wir auf Druck von außen, ohne unsere eigenen Maßstäbe zu setzen?
- Welche Probleme entstehen, weil Steuerung zu spät ansetzt?

1.4 Die Notwendigkeit eines neuen Effizienzverständnisses

Die Analyse der Überforderungsschleife führt zu einer unbequemen, aber zwingenden Konsequenz. Mehr Reformaktivität wird die Überlastung der Verwaltung nicht auflösen, solange sie derselben Logik folgt. Zusätzliche Projekte, detaillierte Konzepte oder weitere verfeinerte Methoden verändern nicht das Grundmuster, sondern stabilisieren es. Die Organisation bleibt zwar in Bewegung, jedoch ohne sich strukturell zu entlasten. Diese Erkenntnis widerspricht einem tief verankerten Selbstverständnis. Verwaltungen gelten als lern- und reformfähig. Probleme werden analysiert, Maßnahmen abgeleitet, Programme aufgelegt. Wenn der gewünschte Effekt dann ausbleibt, erscheint es naheliegend, den eingeschlagenen Weg zu intensivieren, indem mehr Ressourcen und mehr Energie investiert werden, um mehr Tiefe zu erreichen. Genau hier liegt jedoch der Denkfehler.

Effizienz entsteht nicht durch die Intensivierung einzelner Reformmaßnahmen, sondern durch bewusste Entscheidungen über das Ganze. Mehr Effizienz lässt sich lediglich durch die zentrale Frage erreichen, mit welcher Priorität und in welcher Tiefe welche Aufgaben bearbeitet werden sollen.

Solange diese Frage unbeantwortet bleibt, führen Verbesserungsmaßnahmen zwangsläufig zu zusätzlicher Arbeit in einem ohnehin schon überlasteten System. Jede neue Initiative kommt zum bestehenden Aufgabenbestand hinzu, ohne diesen in der Folge zu reduzieren. Entlastung bleibt aus, selbst wenn einzelne Prozesse schneller oder formell besser gestaltet werden.

Hinzu kommt der Anspruch an Perfektion, der viele Reformvorhaben prägt. Vollständigkeit, rechtliche Absicherung und fachliche Tiefe gelten als Voraussetzungen für Qualität und Akzeptanz. Dieser Anspruch ist verständlich, entfaltet in der beschriebenen Dynamik jedoch eine lähmende Wirkung. Perfektion bindet Ressourcen, verlängert Umsetzungszeiten und verschiebt Entlastung in eine unbestimmte Zukunft. Effizienz wird damit zu einem Ziel, das erst am Ende eines langen Prozesses erreicht werden kann, sofern es überhaupt erreicht wird. In der Praxis führt dies zu einer paradoxen Situation. Verwaltungen unternehmen erhebliche Anstrengungen, um effizienter zu werden, und verschärfen dabei ihre eigene Überlastung.

> *Führungskräfte koordinieren Projekte, sichern Abstimmungen ab und reagieren auf neue Anforderungen, ohne den Handlungsspielraum der Organisation spürbar zu vergrößern. Effizienz wird zu einer zusätzlichen Erwartung, nicht zu einer gestaltbaren Größe. Sie erscheint als etwas, das neben dem eigentlichen Verwaltungshandeln ebenfalls Berücksichtigung finden muss.*

Besonders problematisch ist, dass diese Logik Verantwortung verschiebt. Entscheidungen über Prioritäten, Leistungsumfang und Bearbeitungstiefe werden vermieden oder (zum Teil unbewusst) in operative Bereiche verlagert. Stattdessen wird auf Verfahren, Programme und Methoden gesetzt, die die Entscheidung scheinbar ersetzen. Effizienz wird delegiert, nicht aktiv durch Führung und Steuerung gesteuert. Diese Form der Nicht-Steuerung ist nicht nur ineffizient, sondern auch riskant. Sie bindet Ressourcen dort, wo Wirkung unklar bleibt, und lässt wenig Raum für aktive Gestaltung. Verwaltungen geraten in einen Modus, in dem sie auf Anforderungen reagieren, statt sie in der Umsetzung zu gestalten. Dies erzeugt zwar den Eindruck von Handlungsfähigkeit, jedoch tritt die gegenteilige Wirkung ein.

> *Durch die unreflektierte Umsetzung der auf die Verwaltung einprasselnden Anforderungen nimmt Überforderung zu. Dies untergräbt langfristig intern wie extern das Vertrauen in einen effizienten und handlungsfähigen Staat.*

Die zentrale Konsequenz lautet daher, dass Effizienz nicht über Methoden oder Projekte erzeugt werden kann, sondern durch Entscheidungen, welche Aufgaben den Kern des Verwaltungshandelns bilden. Dies sind Entscheidungen darüber, welche Leistungen in welcher fachlichen Tiefe erbracht und welche bewusst schlank gehalten werden, wo Ressourcen gebündelt und wo sie begrenzt werden. Diese Entscheidungen sind nicht delegierbar und nicht technischer Natur. Sie sind Ausdruck von Führung und Prioritätensetzung und strategischer Positionierung. Damit wird Effizienz zu einer Frage der Steuerungslogik. Nicht das Fehlen geeigneter Instrumente ist das Problem, sondern deren falsche Einbettung. Methoden können unterstützen, aber sie können die notwendige Steuerung mittels Klarheit, Priorisierung und Mut nicht ersetzen. Ohne eine solche Logik bleibt jede Reform ein weiteres Element der Überforderungsschleife. Die in diesem Kapitel dargelegte Diagnose macht deutlich, warum Verwaltungen trotz intensiver Reformbemühungen nicht aus der Überlastung finden. Gleichzeitig öffnet sie den Blick für eine andere Perspektive, in der Effizienz kein nachgelagertes Optimierungsziel bleibt, sondern als bewusste Führungs- und Steuerungsentscheidung verstanden wird. Was das konkret bedeutet, ist Gegenstand des nächsten Kapitels.

Reflexionsfragen

- Was vermeiden wir, wenn wir Effizienz ausschließlich defensiv diskutieren?
- Welche Begriffe oder Denkweisen blockieren eine konstruktive Effizienzdiskussion?
- Wo halten wir am Bestehenden fest, obwohl es erkennbar nicht mehr trägt?
- Welche Risiken gehen wir ein, wenn wir Effizienz weiterhin vermeiden?

Leitgedanken zum Kapitel

- Überforderung ist kein individuelles, sondern ein strukturelles Problem.
- Mehr Engagement kompensiert keine falschen Strukturen.
- Wer nur reagiert, verliert die Fähigkeit zur Gestaltung.
- Handlungsfähigkeit entsteht nicht durch Tempo, sondern durch Klarheit.

2 Effizienz als Führungs- und Steuerungsentscheidung

Nach der Analyse der strukturellen Überforderung stellt sich zwangsläufig die Frage, wie Verwaltungen aus dem Modus des Reagierens wieder in eine gestaltende Rolle kommen können. Kapitel 2 setzt genau an diesem Punkt an, indem es den Blick von Symptomen und Einzelproblemen hin zur zentralen Ursache mangelnder Handlungsfähigkeit, nämlich fehlende oder ausweichende Entscheidungen über Prioritäten, Leistungsansprüche und Grenzen, verschiebt. Dieses Kapitel versteht Effizienz nicht als technisches Optimierungsproblem und nicht als Sparinstrument, sondern als bewusste Führungs- und Steuerungslogik, als normativen Bezugsrahmen, der im weiteren Verlauf in eine systematische Verwaltungseffizienz-Analyse (VEA) übersetzt wird. Es macht deutlich, dass Effizienz dort beginnt, wo Führung Verantwortung für das übernimmt, was geleistet wird, ebenso wie für das, was bewusst nicht oder nur mit reduzierter Tiefe bearbeitet wird. Damit rückt Effizienz aus der operativen oder methodischen Ecke in den Kern des Führungshandelns. Kapitel 2 erfüllt im Gesamtbuch eine Schlüsselfunktion, indem es die normative und strategische Grundlage für alle folgenden Überlegungen bildet. Bevor Methoden, Prozesse oder digitale Lösungen sinnvoll eingesetzt werden können, muss geklärt sein, welcher Anspruch an Effizienz gilt, nach welchen Maßstäben entschieden wird und wie Zielkonflikte im Rahmen einer konsistenten Effizienzlogik aufgelöst werden. Ohne diese Klärung bleibt jede Form von Optimierung punktuell und verliert sich in Aktivismus. Zugleich grenzt das Kapitel bewusst ab, indem es aufzeigt, dass Effizienz keine Frage perfekter Lösungen ist, sondern eine Zumutung, die Unsicherheit, Unvollkommenheit und bewusste Priorisierung einschließt. Wer Effizienz nur dort zulässt, wo sie konfliktfrei ist, wird keine strukturelle Entlastung erreichen. Kapitel 2 schafft damit den Bezugsrahmen für das weitere Buch. Es macht deutlich, dass Effizienz kein nachgelagerter Arbeitsschritt ist, sondern eine Grundentscheidung bewusster Führung. Erst auf dieser Grundlage kann im nächsten Schritt eine methodische Ordnung entwickelt werden, die Effizienz systematisch und wirksam erschließt.

2.1 Effizienz ist kein Sparprogramm

Wenn in Verwaltungen über Effizienz gesprochen wird, ist die Reaktion häufig reflexhaft, indem Effizienz mit Sparen gleichgesetzt wird, mit Stellenabbau, Leistungsreduzierung oder dem Absenken von Standards. In dieser Wahrnehmung steht Effizienz nicht für Gestaltung, sondern für Verzicht. Sie erscheint als Reaktion auf Knappheit, nicht als bewusste Entscheidung. Entsprechend groß ist die Skepsis bei Führungskräften und Mitarbeitenden gegenüber Effizienzprogrammen. Diese Gleichsetzung von Effizienz und Sparen ist jedoch ein grundsätzliches Missverständnis hinsichtlich dessen, was Effizienz wirklich meint. Sparen ist in erster Linie eine fiskalische Maßnahme, die darauf abzielt, Ausgaben zu reduzieren, und dies häufig unter hohem Zeitdruck und ohne strukturelle Differenzierung. Effizienz hingegen beschreibt das Verhältnis von eingesetzten Ressourcen zu erzieltem Nutzen. Sie ist keine Mangelverwaltung, sondern eine Frage der Zweckmäßigkeit.

Effizient ist nicht, wer am wenigsten ausgibt, sondern wer mit den zur Verfügung stehenden Ressourcen die größtmögliche Wirkung (Outcome) erreicht.

Gerade im öffentlichen Sektor ist diese Unterscheidung zentral, weil Verwaltungen nicht auf Gewinn ausgerichtet sind, sondern auf Wirkung. Effizienz bedeutet hier nicht generell, Aufgaben mit möglichst geringem Aufwand zu erledigen, sondern sie angemessen zu bearbeiten. Angemessen ist jedoch klar von bestmöglich zu unterscheiden und keine technische, sondern eine normative Kategorie. Sie setzt voraus, dass entschieden wird, welche Aufgaben welchen Stellenwert haben und welche Bearbeitungstiefe sie rechtfertigen. Effizienz ist damit immer ein Verhältnis, indem sie sich auf Aufgaben, Ziele und Wirkungen bezieht und nicht auf abstrakte Kennzahlen. Das Missverständnis von Effizienz als Sparinstrument hat weiteichende Folgen. Es führt dazu, dass Effizienzdebatten defensiv geführt werden. Statt über Prioritäten und Wirkbeiträge zu sprechen, wird über Risiken, Akzeptanz und mögliche Fehlentwicklungen diskutiert. Effizienz erscheint als Bedrohung fachlicher Qualität oder sozialer Verantwortung. In der Konsequenz wird sie entweder vermieden oder in technische Randbereiche verschoben, etwa in die Prozessoptimierung oder Digitalisierung. Die grundlegenden Fragen des Verwaltungshandelns werden ausgeblendet. Dabei ist Effizienz keine Alternative zu Qualität, sondern ihre Voraussetzung.

Eine Verwaltung, die ihre Ressourcen ohne klare Prioritäten verteilt, riskiert nicht nur Überlastung, sondern auch Qualitätsverluste. Wenn alles gleich wichtig ist, wird nichts wirklich überdurchschnittlich gut gemacht, weil dies mit knappen Ressourcen gar nicht möglich wäre. Effizienz ist die Voraussetzung dafür, dort Tiefe und Sorgfalt zu ermöglichen, wo sie tatsächlich einen Unterschied machen.

Effizienz erlaubt es, Ressourcen fokussiert zu bündeln, statt sie entlang der bekannten Haushaltsansätze zu verteilen. Ebenfalls problematisch ist es, dass Effizienz häufig als extern auferlegte Erwartung wahrgenommen wird. Sie erscheint als Forderung von Politik, Rechnungshöfen oder Haushaltsverantwortlichen, nicht als Teil professionellen Verwaltungshandelns. In dieser Logik wird Effizienz zur Nebenbedingung, die es zu erfüllen gilt, ohne sie in die eigene Steuerungslogik zu integrieren. Als Folge reagiert Verwaltung, statt konkret zu gestalten. Diese Perspektive verkennt, das Effizienz im Kern eine Frage der Selbststeuerung ist. Sie betrifft die Art und Weise, wie Verwaltung ihre Aufgaben interpretiert, priorisiert und organisiert.

Effizienz entsteht nicht durch externe Vorgaben, sondern durch interne Klarheit. Sie setzt voraus, dass Führung sich zur Verantwortung für den Ressourceneinsatz bekennt und dies nicht nur formal über eine abstrakte Produktverantwortung, sondern inhaltlich.

Effizienz als Führungsentscheidung bedeutet daher zunächst, den Begriff von seiner negativen Konnotation zu lösen. Es geht nicht um pauschale Kürzungen oder um den Abbau von Leistungen, sondern um bewusste Differenzierung. Manche Aufgaben rechtfertigen aufgrund eines hohen Wirkbeitrags eine hohe Bearbeitungstiefe, andere nicht. Manche Leistungen leisten einen hohen Wirkbeitrag, andere erfüllen vor allem formale Anforderungen. Effizienz besteht darin, diese Unterschiede anzuerkennen und sie im Ressourceneinsatz abzubilden. Damit wird Effizienz zu einem Gestaltungsprinzip. Sie ermöglicht es, Handlungsspielräume zurückzugewinnen, statt sie weiter zu verengen. Sie schafft die Voraussetzung dafür, dass Verwaltungen nicht nur reagieren, sondern aktiv steuern.

In diesem Verständnis ist Effizienz kein Sparprogramm, sondern ein Ausdruck professionell wahrgenommener Verantwortung. Sie ist kein Zeichen von Defiziten und Schwäche, sondern von Klarheit. Diese Klarheit ist jedoch nicht konfliktfrei zu erlangen. Effizienz fordert Entscheidungen ein, die nicht allen Erwartungen gerecht werden können. Sie verlangt, zwischen wünschenswert und notwendig zu unterscheiden, zwischen hohem Anspruch und vertretbarem Aufwand.

Genau hier beginnt der eigentliche Kern der Effizienzdebatte und genau hier zeigt sich, warum Effizienz nicht in einzelne Projekte oder Initiativen delegiert werden kann. Sie ist untrennbar mit Führung verbunden.

Reflexionsfragen

- Welche impliziten Annahmen prägen unsere Effizienzdiskussionen?
- Wo vermeiden wir Effizienz aus Angst vor falschen Signalen?
- Welche Chancen bleiben ungenutzt, weil Effizienz defensiv interpretiert wird?
- Wie klar ist unser eigenes Narrativ zur Effizienz?

2.2 Effizienz als Zumutung für Führung

Effizienz wird in Verwaltungen häufig nicht deshalb gemieden, weil ihr Nutzen unklar wäre, sondern weil sie Entscheidungen erzwingt, die als unbequem, konfliktträchtig oder riskant empfunden werden. Effizienz ist eine Zumutung, weil sie Priorisierung verlangt. Sie zwingt dazu, Unterschiede zwischen Aufgaben, Leistungsansprüchen, zwischen dem, was wünschenswert ist, und dem, was verantwortbar geleistet werden kann, zu machen. Genau diese Unterscheidungen werde im Verwaltungshandeln traditionell eher vermieden als aktiv gestaltet.

Die Zumutung beginnt dort, wo Effizienz nicht länger als eine technische Optimierungsaufgabe verstanden wird, sondern als eine Frage der Verantwortung. Effizienz fordert Führungskräfte auf, sich explizit zu ihrer Rolle als Entscheider zu bekennen. Sie verlangt, den Leistungsumfang der Organisation nicht nur zu verwalten, sondern bewusst zu steuern.

Damit rückt Effizienz in einen Bereich, der nicht delegierbar ist. Methoden können unterstützen, Prozesse können helfen, Instrumente entlasten, entscheiden müssen jedoch Führungskräfte. Diese Notwendigkeit zur Entscheidung erzeugt Widerstände, da Priorisierung auch immer bedeutet, Erwartungen zu enttäuschen. Wer entscheidet, dass Aufgaben weniger tief bearbeitet werden, setzt sich dem Vorwurf aus, Qualität zu mindern oder die Gleichbehandlung zwischen den Fällen zu gefährden. Wer Standards differenziert, macht sich angreifbar, und dies fachlich wie politisch. Effizienz verlangt daher nicht nur analytische Klarheit, sondern auch die Bereitschaft, Unsicherheit auszuhalten. Hinzu kommt, dass Effizienz selten eindeutig messbar ist. Während Projekte, Programme und Maßnahmen sichtbare Aktivitäten erzeugen, bleibt der Erfolg von Priorisierungsentscheidungen zunächst abstrakt. Entlastung zeigt sich nicht sofort, sondern mittelbar, wenn freigewordene Kapazitäten in verbesserte Steuerungsfähigkeit und größere Handlungsspielräume münden. Diese Effekte lassen sich schwerer kommunizieren als abgeschlossene Optimierungsvorhaben. Effizienz widerspricht damit einer Logik, die Sichtbarkeit mit Wirksamkeit gleichsetzt.

Ein weiterer Grund für Zumutung liegt im impliziten Qualitätsverständnis vieler Verwaltungen. Hohe fachliche Standards, individuelle Fallbearbeitung und umfassende Absicherung gelten als Ausdruck professionellen Handelns. Effizienz wird in diesem Kontext schnell als Reduktion interpretiert. Diese Wahrnehmung übersieht jedoch, dass gerade der Verzicht auf Priorisierung langfristig zu Qualitätsverlusten führt. Wenn Ressourcen gleichmäßig verteilt werden, fehlt es dort an Tiefe, wo sie besonders erforderlich wäre.

Effizienz zwingt dazu, Qualität nicht pauschal, sondern differenziert zu denken.

Die Zumutung der Effizienz betrifft daher nicht nur einzelne Entscheidungen, sondern das Selbstverständnis von Führung. Führung beschränkt sich nicht darauf, Abläufe zu koordinieren oder Anforderungen weiterzugeben und deren Umsetzung zu überwachen, sie besteht vielmehr darin, einen Rahmen zu setzen, innerhalb dessen Verwaltungshandeln sinnvoll begrenzt und fokussiert wird. Effizienz macht diesen Rahmen sichtbar, indem sie verlangt, Verantwortung für den Ressourceneinsatz zu übernehmen und dies nicht nur rechnerisch, sondern auch inhaltlich. Gerade im öffentlichen Sektor wird diese Verantwortung häufig relativiert. Verweise auf rechtliche Vorgaben, politische Entscheidungen oder externe Erwartungen dienen als Begründung dafür, dass Priorisierung nicht möglich sei. Diese Verweise sind nicht immer unberechtigt, ersetzen jedoch keine Führungsentscheidung. Auch unter engen Rahmenbedingungen besteht Spielraum, nicht zwingend im Ob der Aufgabenerledigung, aber im Wie, in der Tiefe und Organisation der Leistungserbringung. Effizienz bedeutet, diesen Spielraum bewusst zu nutzen.

Die Zumutung der Effizienz zeigt sich auch darin, dass sie bestehende Routinen infrage stellt. Viele Verwaltungsprozesse haben sich historisch entwickelt und werden fortgeführt, weil sie etabliert sind. Effizienz fordert, diese Routinen nicht als gegeben hinzunehmen, sondern ihren Betrag zur Zielerreichung zu überprüfen. Das betrifft nicht nur einzelne Prozesse, sondern ganze Aufgabenfelder. Solche Fragen sind unbequem, weil sie Gewissheiten erschüttern und Veränderungsdruck erzeugen. Schließlich verlangt Effizienz Mut zur Unvollkommenheit. Nicht jede Entscheidung kann vollständig abgesichert werden, nicht jede Differenzierung lässt sich im Vorfeld rechtlich oder fachlich bis ins letzte Detail durchdenken.

> *Effizienz bedeutet, mit plausiblen Annahmen zu arbeiten, Wirkungen zu beobachten und ggf. nachzusteuern. Sie setzt Vertrauen in die eigene Steuerungsfähigkeit und die Bereitschaft Entscheidungen zu korrigieren, wenn sie sich als unzutreffend erweisen, voraus.*

Diese Zumutung ist kein Nebeneffekt, sondern der Kern eines effizienten Verwaltungshandelns. Effizienz fordert Führung heraus, weil sie Gestaltung verlangt. Sie ist kein automatisches Ergebnis guter Organisation, sondern das Resultat bewusster Entscheidungen. Wer Effizienz ernst nimmt, muss bereit sein, Verantwortung sichtbar zu übernehmen und Prioritäten offen zu vertreten. Genau darin liegt ihr Potenzial und ihre Schwierigkeit.

Mit dieser Perspektive wird deutlich, warum Effizienz nicht delegiert werden kann. Sie ist keine Aufgabe für Stabsstellen oder Projekte, sondern Ausdruck eines Führungsanspruchs. Erst wenn Effizienz als Zumutung akzeptiert wird, kann sie ihre entlastende Wirkung entfalten. Soll diese Wirkung systematisch hergestellt werden, setzt dies voraus, dass Verwaltungen nicht länger nur reagieren, sondern aktiv steuern. Genau dieser Übergang steht im Mittelpunkt des nächsten Teils.

Reflexionsfragen

- Welche Entscheidungen würden echte Entlastung bringen, sind aber unbequem?
- Wo verschieben wir Verantwortung (wenn auch unbewusst) nach unten auf die Ebene der Mitarbeitenden im täglichen Aufgabenvollzug, statt sie selbst wahrzunehmen?
- In welchen Situationen fehlt es weniger an Wissen als an Entscheidungen?
- Wo vermeiden wir Konflikte auf Kosten einer effizienten Organisation?

2.3 Steuerung statt Reaktion

Die eigentliche Bewährungsprobe für Effizienz beginnt dort, wo Verwaltung aufhört zu reagieren und zu steuern beginnt. Heute stellt Reaktion den Normalmodus überlasteter Verwaltungen dar. Anforderungen werden formuliert, Fristen gesetzt, politische Beschlüsse gefasst, Einzelfälle eskaliert. Verwaltung antwortet, ordnet zu, arbeitet ab. Dieser Modus ist nicht Ausdruck mangelnder Kompetenz, sondern Folge der strukturellen Verdichtung im Arbeitsalltag. Wo der Druck hoch ist, wird das Dringliche wichtiger als das Wichtige. Die in diesem Buch vertretene Steuerung folgt einer anderen Logik, indem sie nicht bei einzelnen Anforderungen ansetzt, sondern beim Gesamtbild. Steuerung fragt nicht zuerst, wie etwas umgesetzt werden muss, sondern ob, wofür und mit welchem Stellenwert. Sie ordnet Aufgaben, statt sie lediglich zu verteilen. Effizienz entsteht unter dieser Steuerungslogik nicht am Ende eines Prozesses, sondern an dessen Anfang. Durch bewusste Entscheidungen über Prioritäten, Leistungsumfang und Bearbeitungstiefe erfolgt die Steuerung bereits zu beginn. Der Unterschied zwischen Reaktion und Steuerung zeigt sich besonders deutlich im Umgang mit neuen Aufgaben. Im reaktiven Modul werden neue Anforderungen integriert, ohne bestehende Leistungen infrage zu stellen. In der Folge wachsen Aufgabenbestände, Standards bleiben hoch, Ressourcen werden weiter über alle Aufgaben gleichmäßig verteilt und fragmentiert.

> *Steuerung hingegen verlangt Kompensation. Neue Aufgaben erfordern Entscheidungen darüber, was reduziert, vereinfacht oder anders bearbeitet werden kann. Effizienz ist hier kein Optimierungsschritt, sondern eine Konsequenz aus der Begrenztheit von Ressourcen.*

Gegenüber dem heutigen Verwaltungshandeln, das über viele Jahrzehnte ausreichende Ressourcen zur Verfügung hatte, bedeutet dies einen vollkommenden Wechsel im Selbstverständnis und in der Steuerungslogik. Diese Logik widerspricht einer weit verbreiteten Vorstellung, der zufolge Verwaltungen ihre Steuerungsrolle primär als Koordination von Zuständigkeiten, Abläufen und Informationen verstehen. Diese Form der Steuerung ist zwar ebenfalls notwendig, jedoch in der heutigen Zeit angespannter Haushalte nicht mehr ausreichend. Sie organisiert den Verwaltungsvollzug, jedoch nicht die Prioritäten. Effizienz erfordert dagegen eine vorgelagerte Steuerungsebene, die festlegt, welche Aufgaben mit welchem Anspruch umgesetzt werden. Ohne diese Ebene bleiben Verwaltungen reaktiv und können den an sie gestellten Ansprüchen auch bei perfekter Koordination nicht mehr Herr werden. Ein zentrales Hindernis für diese neue Form der Steuerung ist die Gleichsetzung von Gleichbehandlung und Gleichförmigkeit. Der Anspruch, alle Aufgaben nach denselben Maßstäben zu bearbeiten, erscheint zwar gerecht, führt jedoch zu einer systematischen Überforderung der Ressourcen. Steuerung verlangt dagegen Differenzierung. Sie akzeptiert, dass nicht jede Aufgabe denselben Wirkbeitrag leistet und daher nicht denselben Ressourceneinsatz rechtfertigt. Effizienz entsteht dort, wo diese Unterschiede anerkannt und konsequent berücksichtigt werden. Steuerung bedeutet in diesem Sinne auch in Leistungsportfolios zu denken.

Verwaltungen erbringen nicht die eine Leistung, sondern eine Vielzahl unterschiedlicher Leistungen auf der Grundlage gesetzlicher Aufgabenübertragungen. Diese Leistungen unterscheiden sich in Zielsetzung, Wirkung, rechtlicher Bindung und gesellschaftlicher Relevanz. Effizienz setzt voraus, dass diese Unterschiede sichtbar gemacht werden. Erst dann kann entschieden werden, wo Tiefe erforderlich und wo Vereinfachung möglich oder sogar geboten ist. Ohne diese Transparenz bleibt Effizienz abstrakt.

Der Übergang von Reaktion zur Steuerung ist nicht konfliktfrei. Er macht sichtbar, dass nicht alles gleichzeitig mit maximalem Anspruch geleistet werden kann. Er zwingt dazu, Erwartungen zu relativieren und Leistungsversprechen zu präzisieren. Genau deshalb wird Steuerung häufig vermieden oder auf formale Instrumente reduziert. Berichte, Kennzahlen und Controlling ersetzen dann die eigentliche Entscheidung. So wird Effizienz zwar gemessen, aber nicht gestaltet. Dabei ist Steuerung kein einmaliger Akt, sondern ein kontinuierlicher Prozess. Effizienz entsteht nicht durch einen Beschluss, sondern durch eine dauerhafte Auseinandersetzung mit Aufgabenbestand und Ressourceneinsatz. Steuerung nach dem VEA-Prinzip bedeutet, regelmäßig zu überprüfen, ob das, was geleistet wird, noch dem entspricht, was erreicht werden soll. Sie verlangt Rückkopplung, Anpassung und die Bereitschaft, Entscheidungen zu revidieren oder nachzuschärfen. Reaktion kennt diesen Zyklus nicht, sie folgt lediglich dem kontinuierlichen Strom an Anforderungen. Die Rolle der Führung verändert sich in dieser Perspektive grundlegend.

Führungskräfte sind nicht primär Vermittler zwischen Anforderungen und Umsetzung, sondern Gestalter des Leistungsrahmens.

Führungskräfte setzen Grenzen, definieren Schwerpunkte und verantworten den Ressourceneinsatz auf der Ebene von Produkten, Leistungen, Aufgaben und einzelnen Tätigkeiten sowie im Prozess der Leistungserbringung. Effizienz ist damit kein operatives Thema mehr auf der Ebene der Mitarbeitenden, sondern Teil einer strategischen Führung. Sie findet ihren Ausdruck in einem aktiven Gestaltungsanspruch. Ohne diesen Anspruch bleibt Effizienz zufällig. Einzelne Optimierungen mögen wirken, Prozesse mögen verbessert werden, digitale Lösungen mögen entlasten. Doch ohne eine übergeordnete Steuerungslogik verpuffen diese Effekte. Dann bleibt Verwaltung reaktiv, gut organisiert, aber dennoch vollkommen überfordert. Erst wenn Steuerung an die Stelle von Reaktion tritt, wird Effizienz zu einer gestaltbaren Größe. Diese Steuerungslogik benötigt einen klaren Bezugsrahmen. Effizienz darf nicht situativ verhandelt und geprägt werden, sondern muss als dauerhafte Orientierung für das Verwaltungshandeln dienen. Sie wird damit zum Maßstab von Entscheidungen, nicht zum nachträglichen Kriterium.

Wie ein solcher Bezugsrahmen aussieht und welche Funktion er im Führungshandeln übernimmt, ist Gegenstand des abschließenden Teils dieses Kapitels.

Reflexionsfragen

- Welche Entscheidungen treffen wir regelmäßig zu spät?
- Wo steuern wir über Einzelfälle statt über Rahmensetzung?
- Welche Probleme entstehen durch fehlende Vorentscheidungen?
- Wo ersetzt operative Hektik strategische Steuerung?

2.4 Effizienz als strategischer Bezugsrahmen

Wenn Effizienz als Führungs- und Steuerungsentscheidung verstanden wird, verändert sich ihr Stellenwert grundlegend. Sie ist dann kein situatives Kriterium mehr, das bei Bedarf herangezogen wird, sondern ein dauerhafter Bezugsrahmen für Entscheidungen. Effizienz wirkt in diesem Fall nicht punktuell, sondern ordnend. Sie gibt Orientierung in einer Organisation, die permanent mit neuen Anforderungen, begrenzten Ressourcen und widersprüchlichen Erwartungen konfrontiert ist.

> *Als strategischer Bezugsrahmen beantwortet Effizienz nicht einzelne Detailfragen, sondern setzt durch Entscheidungen übergeordnete Maßstäbe, an denen sich Aufgaben, Standards und Ressourceneinsatz orientieren.*

Diese Orientierung ist besonders in Situationen hoher Unsicherheit von Bedeutung. Wo nicht alles gleichzeitig vollumfänglich geleistet werden kann, braucht es Kriterien, die Priorisierung ermöglichen, ohne jedes Mal neu verhandelt werden zu müssen. Effizienz erfüllt genau diese Funktion. In diesem Verständnis ist Effizienz kein Ziel unter vielen, sondern eine leitende Logik. Sie beeinflusst, wie neue Aufgaben eingeordnet, bestehende Leistungen überprüft und Veränderungsinitiativen bewertet werden. Effizienz fragt nicht erst am Ende eines Prozesses nach Optimierungspotenzialen, sondern zu Beginn nach Zweck, Wirkbeitrag und angemessener Tiefe. Sie verschiebt damit den Fokus von der Ausführung zur Entscheidung.

Ein strategischer Bezugsrahmen zeichnet sich dadurch aus, dass er dauerhaft wirksam ist. Effizienz ist kein Produkt und kein Programm mit Anfang und Ende. Sie entfaltet ihre Wirkung erst dann, wenn sie kontinuierlich in Führungsentscheidungen einfließt. Das setzt voraus, dass sie nicht als externes Kriterium wahrgenommen wird, sondern als integraler Bestandteil professionellen Verwaltungshandelns. Führungskräfte orientieren ihr Handeln dann nicht primär an kurzfristigen Anforderungen, sondern an der langfristigen Steuerungsfähigkeit der Organisation. Diese Perspektive verändert auch den Umgang mit den Methoden. Instrumente wie Prozessoptimierung, Digitalisierung oder

Organisationsentwicklung verlieren nicht an Bedeutung, werden aber neu eingeordnet. Sie sind keine Träger der Effizienz, sondern Werkzeuge innerhalb eines gesetzten Rahmens. Ohne diesen Rahmen bleiben sie isoliert, entfalten nur punktuelle Wirkungen und tragen im Zweifel zur weiteren Überforderung bei. Mit einem klaren Bezugsrahmen hingegen können sie gezielt eingesetzt werden, wo sie einen erkennbaren Beitrag zur Entlastung der Gesamtorganisation leisten. Effizienz als strategischer Bezugsrahmen wirkt zudem stabilisierend, da sie Verlässlichkeit in der Entscheidungspraxis schafft, indem sie Erwartungen transparent macht. Wenn klar ist, dass Aufgaben nach ihrem Wirkbeitrag und nicht allein nach ihrer formalen Existenz bewertet werden, werden Entscheidungen über Schwerpunkte und Ressourceneinsatz nachvollziehbarer. Effizienz wird damit nicht zum Anlass permanenter Rechtfertigung, sondern zum akzeptierten Maßstab, der zwar Konflikte reduziert, möglicherweise jedoch nicht grundsätzlich verhindert. Sie werden aber auf der Grundlage des akzeptierten Bezugsrahmens bearbeitbar. Gleichzeitig setzt dieser Bezugsrahmen eine klare Haltung voraus.

> *Effizienz verlangt, dass Führung bereit ist, sich festzulegen und Verantwortung zu übernehmen. Sie fordert, Entscheidungen zu treffen, die nicht allen Erwartungen gerecht werden können.*

Als strategischer Bezugsrahmen ist Effizienz daher immer auch Ausdruck eines Führungsanspruchs und bildet die normative Grundlage für die spätere methodische Konkretisierung im Rahmen der Verwaltungseffizienz-Analyse (VEA). Effizienz als Bezugsrahmen zeigt, ob Verwaltungen bereit sind, ihre Handlungsfähigkeit aktiv zu gestalten, oder ob sie sich weiterhin von Anforderungen treiben lassen. Mit dieser Setzung ist der Rahmen für das weitere Vorgehen abgesteckt.

Wenn Effizienz der leitende Maßstab ist, stellt sich zwangsläufig die Frage, worauf sie konkret angewendet wird. Effizienz als Führungs- und Steuerungsentscheidung bleibt wirkungslos, wenn sie nicht in eine klare Handlungslogik übersetzt wird. Ein Bekenntnis zu Effizienz, Priorisierung und »bewusster Unvollkommenheit« schafft zwar Orientierung, ersetzt aber noch keine tragfähige Struktur, nach der konkret gearbeitet, entschieden und gesteuert werden kann. Fehlt diese, mangelt es an einer fehlenden Ordnung im konkreten Vorgehen auf dem Weg zu mehr Effizienz. Zwischen strategischer Setzung und operativer Umsetzung braucht es einen methodischen Rahmen, der Orientierung gibt, Reihenfolgen klärt und Aktivismus verhindert. Dieser Rahmen wird im Folgenden als Analyse- und Ordnungslogik der Verwaltungseffizienz-Analyse (VEA) konkretisiert. Effizienz entsteht nicht durch die parallele Anwendung möglichst vieler Instrumente, sondern durch eine bewusste Abfolge von Entscheidungen und Maßnahmen. Ohne eine solche Ordnung werden Methoden beliebig, Projekte verselbstständigen sich und strukturelle Entlastung bleibt aus. Das folgende Kapitel führt daher die konsistente Verknüpfung der drei wesentlichen Analyseperspektiven als Ordnungsrahmen für die Verwaltungseffizienz-Analyse ein. Es beschreibt keine einzelne Methode, sondern eine Logik, nach der Effizienz systematisch erschlossen werden kann. Es beginnt mit der kritischen Auseinandersetzung mit Aufgaben und Standards über die Klärung von Zweck und Prozessen bis hin zur gezielten Nutzung von Automatisierung und Digitalisierung. Das Zusammenspiel dieser drei Analyseperspektiven schafft die Brücke zwischen Führungsentscheidung und Umsetzung und bildet die Grundlage für die nachfolgenden Methodenkapitel.

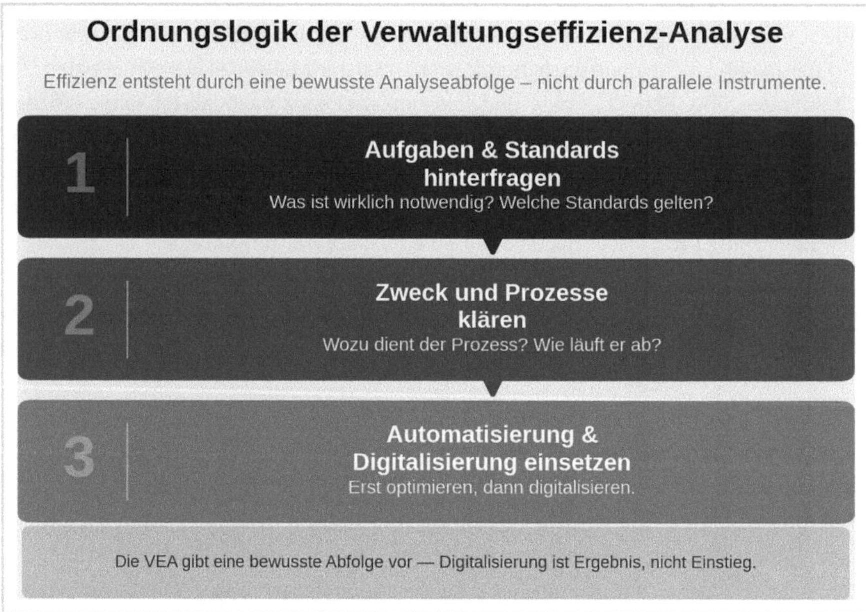

Abb. 2: Ordnungslogik der Verwaltungseffizienz-Analyse

Reflexionsfragen

- Welche Entscheidungen treffen wir heute ohne klaren Bezugsrahmen?
- Wo fehlt Effizienz als explizites Entscheidungskriterium?
- Welche Konsequenzen hätte es, Effizienz dauerhaft mitzudenken?
- Was würde sich ändern, wenn Effizienz kein Projekt-, sondern ein Führungsmaßstab wäre?

Leitgedanken zum Kapitel

- Effizienz ist keine Sparlogik, sondern eine Führungsentscheidung – und damit der Ausgangspunkt jeder strukturierten Verwaltungseffizienz-Analyse.
- Nicht Methoden entlasten Organisationen, sondern klare Prioritäten.
- Steuerung beginnt vor der Umsetzung, nicht danach.
- Effizienz verlangt Mut zur Entscheidung und zum Verzicht.

3 Die Verwaltungseffizienz-Analyse als Ordnungsrahmen

Nachdem Effizienz als Führungs- und Steuerungsentscheidung eingeordnet wurde, stellt sich die Frage, wie diese Setzung in ein konsistentes Vorgehen übersetzt werden kann. Kapitel 3 übernimmt im Gesamtbuch genau diese Funktion, indem es Ordnung zwischen Anspruch und Umsetzung schafft und so verhindert, dass Effizienz in Einzelmaßnahmen oder Methodenaktivismus zerfällt. Dieses Kapitel konkretisiert die Analyse- und Ordnungslogik der Verwaltungseffizienz-Analyse (VEA) als strukturierenden Bezugsrahmen. Sie dient nicht der Beschreibung einzelner Methoden, sondern der Klärung von Reihenfolge und Logik ihrer Anwendung. Kapitel 3 beantwortet damit die Frage, in welcher Abfolge Effizienz sinnvoll erschlossen werden kann, bevor die operative Detailarbeit beginnt. Die konsequente Verknüpfung der drei Analyseperspektiven stellt sicher, dass Effizienz nicht punktuell, sondern systematisch erschlossen wird.

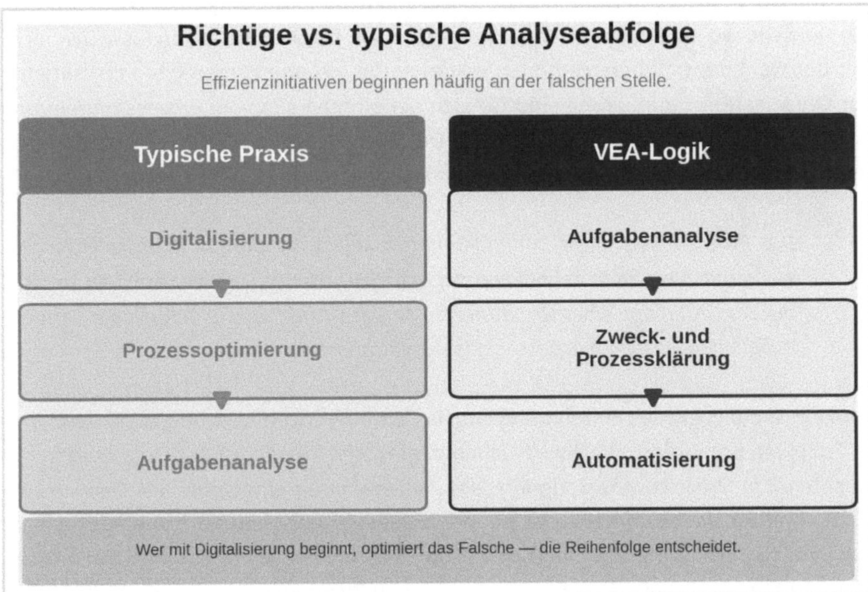

Abb. 3: Zusammenhang der Analyseperspektiven

Zugleich erfüllt das Kapitel eine wichtige Orientierungsfunktion, indem es verdeutlicht, dass Aufgabenanalyse, Prozessoptimierung sowie Automatisierung und Digitalisierung keine gleichwertig nebeneinanderstehenden Optionen sind, sondern in einer konsistenten Analyseabfolge aufeinander aufbauen. Das Kapitel schützt damit vor der verbreiteten Praxis, einzelne Instrumente isoliert einzusetzen, ohne ihren Platz im Gesamtzusammenhang zu klären. Im Aufbau des Buches ist das Kapitel das verbindende

Element zwischen Führungshaltung und methodischer Vertiefung, indem es einen gemeinsamen Referenzrahmen schafft, auf den sich die folgenden Kapitel beziehen, ohne deren Inhalte vorwegzunehmen. Damit ermöglicht es dem Leser, die nachfolgenden Kapitel nicht als Sammlung einzelner Ansätze zu lesen, sondern als konsequente Ausarbeitung der durchgängigen VEA-Analyse- und Ordnungslogik.

3.1 Warum Einzelmethoden nicht zur strukturellen Entlastung führen

In vielen Verwaltungen besteht kein Mangel an Reformbereitschaft, es wird an allen Stellen analysiert, optimiert, digitalisiert und reorganisiert. Prozesse werden modelliert, Projekte aufgesetzt, Programme beschlossen. Der Einsatz ist hoch, die Erwartungen an die Ergebnisse sind es ebenfalls. Und dennoch bleibt der Eindruck, dass die strukturelle Überlastung kaum abnimmt. Effizienzgewinne bleiben punktuell, weil sie nicht in eine konsistente Analyse- und Ordnungslogik eingebettet sind, die strukturelle Nachhaltigkeit für die Gesamtorganisation ermöglicht. Entlastung tritt in der Folge selten dort ein, wo sie systematisch erforderlich wäre. Dieses Phänomen lässt sich nicht mit der Wahl der falschen Methoden erklären. Die meisten eingesetzten Instrumente zur Organisationsoptimierung sind für sich genommen sinnvoll. Prozessoptimierung kann Abläufe vereinfachen, Digitalisierung Durchlaufzeiten verkürzen, organisatorische Anpassungen können Verantwortlichkeiten klären.

> *Das Problem liegt nicht in den Methoden selbst, sondern in ihrer isolierten Anwendung. Sie wirken nebeneinander, nicht zusammen. Effizienz entsteht so nicht auf der Grundlage einer strukturierten Analyse- und Entscheidungslogik, sondern lediglich in einzelnen Aspekten des Verwaltungshandelns.*

Typisch ist die Logik des Einzelvorhabens für Optimierungsmaßnahmen. Effizienz wird in Projekten organisiert, die jeweils einen begrenzten Ausschnitt der Organisation betrachten. Ein Prozess wird optimiert, ein Fachverfahren eingeführt, ein Bereich neu zugeschnitten. Jedes Vorhaben ist für sich schlüssig, gut begründet und häufig auch erfolgreich. Gleichzeitig fehlt der Blick auf die Gesamtverwaltung. Es wird nicht geklärt, welche Rolle das jeweilige Vorhaben im größeren Zusammenhang spielt und welchen Beitrag es zur strukturellen Entlastung leisten soll. Diese Fragmentierung führt zu einer paradoxen Situation, in der die steigende Anzahl an Einzelinitiativen im Ergebnis zur mehr Belastung der Verwaltung führt und nicht zu einer strukturellen Entlastung beiträgt. Projekte erzeugen zusätzlichen Abstimmungsaufwand, binden Ressourcen und konkurrieren um Aufmerksamkeit. Im Ergebnis wird Effizienz selbst zum Belastungsfaktor für die Verwaltung. Die Organisation ist permanent im Veränderungsmodus, ohne dass sich ihr Grundzustand spürbar verbessert. Die Verwaltung arbeitet zwar an sich, entlastet sich jedoch nicht.

Ein weiteres Problem besteht darin, dass Einzelmethoden häufig mit einem impliziten Anspruch auf Allgemeingültigkeit eingesetzt werden. Prozessoptimierung soll überall greifen, Digitalisierung wird als universelle Lösung verstanden, Organisationsentwicklung als Allheilmittel betrachtet. Diese Überdehnung der Ziele der einzelnen Methoden führt dazu, dass sie dort eingesetzt werden, wo ihre Wirkung begrenzt ist, bzw. dort, wo sie möglicherweise sogar kontraproduktiv wirken. Die erhoffte Effizienz bleibt dann häufig aus oder reicht nicht ausreichend tief in das Verwaltungshandeln. Was fehlt, ist eine konsistente Analyse- und Ordnungslogik, wie sie die Verwaltungseffizienz-Analyse (VEA) bereitstellt, die festlegt, wofür Effizienz eingesetzt wird und wie unterschiedliche Methoden systematisch zusammenwirken. Ohne einen solchen Rahmen bleibt unklar, an welcher Stelle angesetzt werden muss und welche Fragen zuerst zu klären sind. Effizienz wird dann als Sammlung von Maßnahmen verstanden, nicht als kohärente Analyse- und Steuerungslogik. Die Erfahrung zeigt, dass strukturelle Effizienz nur dort entsteht, wo sie nicht als Einzelmaßnahme verstanden wird, sondern als geordnetes Vorgehen. Dieses geordnete Vorgehen verhindert, dass Methoden eingesetzt werden, bevor ihr Einsatz überhaupt sinnvoll erfolgen kann. Effizienz, die auf struktureller Ebene zu nachhaltigen Verbesserungen führen soll, benötigt Ordnung und nicht aktionistische Einzelinitiativen.

Ein zentrales Defizit vieler Effizienzinitiativen liegt darin, dass sie an der falschen Stelle beginnen. Häufig wird optimiert, ohne zuvor zu klären, ob die zugrundeliegende Aufgabe überhaupt den Ressourceneinsatz rechtfertigt. Es wird digitalisiert, ohne bestehende Standards zu hinterfragen. Es werden Prozesse optimiert, deren Zweck nie kritisch geprüft wurde. In allen diesen Fällen wird Effizienz simuliert, weil zentrale Analyseperspektiven und die daraus folgenden notwendigen Entscheidungen nicht in der richtigen Reihenfolge berücksichtigt wurden.

Strukturelle Entlastung setzt dagegen voraus, dass Effizienz nicht instrumentell, sondern systemisch gedacht wird. Sie erfordert ein Modell, das Orientierung gibt, Reihenfolgen festlegt und Zusammenhänge sichtbar macht. Ein solches Modell schützt vor der Illusion, dass einzelne Maßnahmen ausreichen, um komplexe Überforderungslagen aufzulösen. Es zwingt dazu, Effizienz als zusammenhängenden Entscheidungsprozess zu begreifen. Genau an diesem Punkt setzt die VEA-Ordnungslogik an. Sie versteht Effizienz nicht als Summe von Methoden, sondern als strukturierten Analyserahmen für priorisierende Entscheidungen. Sie beantwortet nicht die Frage, wie etwas optimiert wird, sondern, in welcher Analyseabfolge und auf welcher Entscheidungsgrundlage Optimierungen erfolgen sollten. Damit schafft sie die Voraussetzung dafür, dass Effizienzinitiativen nicht nebeneinander herlaufen und ihre jeweiligen Wirkungen strukturell verpuffen, sondern aufeinander aufbauen und sich gemeinsam verstärken. Erst dann kann Effizienz strukturell und nachhaltig in der Verwaltung wirken und entlastet die Gesamtorganisation dauerhaft. Bevor dieser Ordnungsrahmen im Einzelnen dargestellt wird, ist jedoch eine weitere Klarstellung notwendig. Effizienz entsteht nicht durch möglichst viele Aktivitäten, sondern durch die richtige Abfolge von Klärungen und Entscheidungen. Warum diese Reihenfolge entscheidend ist und weshalb Aktionismus ihr Gegenteil darstellt, ist Gegenstand des folgenden Teils.

Reflexionsfragen

- Können wir erklären, wie unsere unterschiedlichen Effizienzaktivitäten zusammenwirken sollen, oder nur, warum jede für sich sinnvoll ist?
- Wo fehlt uns ein gemeinsamer Bezugsrahmen, um Effizienzmaßnahmen zu priorisieren oder auch bewusst zu beenden?
- Welche Initiativen konkurrieren um Aufmerksamkeit, ohne dass klar ist, welche strukturell relevanter sind?
- Wo erzeugt Methodenvielfalt eher Orientierungslosigkeit als Fortschritt?

3.2 Der Prozess der Effizienzentwicklung

Wenn Verwaltungen unter Druck stehen, steigt die Versuchung, unmittelbar zu handeln. Neue Projekte werden initiiert, Maßnahmenbündel geschnürt, Programme aufgesetzt. Der Eindruck entsteht, man tue etwas gegen die Überforderung. Tatsächlich verstärkt dieser Aktivismus häufig genau das Problem, das er zu lösen versucht.

Effizienz ist kein Ergebnis von Bewegung, sondern von Orientierung durch eine konsistente Analyse- und Ordnungslogik und die richtige Abfolge von Maßnahmen. Der Kern des Problems liegt nicht im Mangel an Engagement, sondern in der fehlenden Analyseabfolge der richtigen Aktivitäten.

Effizienzinitiativen werden oft dort begonnen, wo sichtbare Ergebnisse schnell erreichbar zu sein scheinen. Prozesse lassen sich modellieren, digitale Lösungen präsentieren, Projektpläne kommunizieren. Was dabei ausgeblendet wird, ist die Frage, ob diese Maßnahmen zum richtigen Zeitpunkt und an den richtigen Aufgaben ansetzen. Effizienz entsteht jedoch nicht dort, wo am schnellsten optimiert werden kann, sondern dort, wo die richtigen Vorentscheidungen getroffen wurden. Die Reihenfolge der Maßnahmen ist daher kein technisches Detail, sondern ein zentrales Steuerungsprinzip innerhalb der Verwaltungseffizienz-Analyse (VEA). Sie entscheidet darüber, ob Effizienzmaßnahmen aufeinander aufbauen und sich gegenseitig verstärken oder möglicherweise das Gegenteil tun und sich gegenseitig neutralisieren.

Wer Prozesse optimiert, bevor der Zweck einer Aufgabe geklärt ist, riskiert, Abläufe zu perfektionieren, die keinen relevanten Beitrag leisten. Wer digitalisiert, ohne Standards zu hinterfragen, automatisiert bestehende Ineffizienzen und schreibt aktuelles Verwaltungshandeln technisch fest. Wer Strukturen verändert, ohne Aufgaben zu priorisieren, verschiebt Probleme an eine andere Stelle der Organisation, löst sie jedoch nicht.

Der verbreitete Wunsch nach schnellen Ergebnissen verstärkt diese Fehlsteuerung. Effizienz soll sichtbar werden, idealerweise kurzfristig. Dieser Erwartungsdruck führt dazu, dass vorgelagerte Klärungserfordernisse übersprungen werden. Aufgabenbestände bleiben unangetastet, Standards werden als gegeben vorausgesetzt, Fragen nach dem Zweck und Nutzen von Aufgaben vertagt. Effizienz wird so faktisch auf die operative Ebene der Mitarbeitenden verschoben, obwohl sie dort nur begrenzt gestaltbar ist. Effizienz verlangt jedoch Geduld an der richtigen Stelle. Nicht im Sinne von Verzögerung, sondern im Sinne einer bewussten Klärung. Die entscheidenden Fragen unmittelbar zu Beginn zu klären, mag unangenehm erscheinen – mit der Folge, dass sie häufig vermieden werden. Aktivismus dagegen führt zu der trügerischen Hoffnung, dass sich Dinge schnell zum Guten verändern. Diese Dynamik ist in vielen Verwaltungen immer wieder zu beobachten. Es wird viel investiert, ohne dass sich die Gesamtbelastung spürbar reduziert. Einzelne Bereiche profitieren, andere nicht. Effizienzgewinne werden lokal erzielt, gehen jedoch im Gesamtgefüge unter und entlasten nicht strukturell und nachhaltig. Ohne eine klare Analyseabfolge fehlt der verbindende Rahmen, der sicherstellt, dass Maßnahmen im Sinne einer gemeinsamen Effizienzlogik in dieselbe Richtung laufen. Eine solche Prozessreihenfolge bedeutet in diesem Zusammenhang nicht, dass schematisch agiert werden sollte. Bestimmte Fragen müssen jedoch geklärt sein, bevor andere sinnvoll bearbeitet werden können. Diese Abhängigkeiten zu ignorieren, führt zu Reibungsverlusten und oberflächlichen Lösungen. Effizienz wird dann zum Dauerprojekt, nicht zur strukturellen Veränderung mit nachhaltiger Wirkung auf die Gesamtorganisation. Die Organisation bleibt so im Modus des Reagierens gefangen.

Ein weiterer Aspekt betrifft die Rolle der Führung. Aktivismus entlastet kurzfristig, weil er Handlung signalisiert. Ein strukturiertes Vorgehen hingegen verlangt Zurückhaltung, Klarheit und die Bereitschaft, Entscheidungen zu begründen.

> *Führung muss im Rahmen dieser Analyse- und Ordnungslogik aushalten, dass Effizienz nicht sofort sichtbar wird, auch wenn sie an der richtigen Stelle ansetzt. Diese Haltung ist anspruchsvoll, aber notwendig, wenn Effizienz mehr als Symbolpolitik sein soll.*

Die Analyse- und Ordnungslogik der Verwaltungseffizienz-Analyse (VEA) setzt genau an diesem Punkt an, indem sie zur Einhaltung einer konsistenten Analyseabfolge verpflichtet, ohne in starre Rezepte und schnelle Lösungen zu verfallen. Sie macht sichtbar, welche Klärungen vorgelagert erfolgen sollten und welche Schritte darauf aufbauen. Effizienz wird so vom Aktivitätsmodus in einen Entscheidungsmodus überführt. Die Abfolge der Methoden im Prozess schafft zudem Orientierung für alle Beteiligten und macht deutlich, warum bestimmte Themen zuerst bearbeitet werden und andere später folgen. Effizienz wird damit nicht zur individuellen Interpretation, sondern zur gemeinsamen Vorgehenslogik in der Organisation. Das reduziert Reibungen, erhöht die Akzeptanz und stärkt die Steuerungsfähigkeit der Verwaltung insgesamt. Vor diesem

Hintergrund ist die Verwaltungseffizienz-Analyse (VEA) nicht allein als Methodenabfolge zu verstehen, sondern als ein Analyse- und Ordnungsrahmen für priorisierende Entscheidungen. Sie beantwortet die Frage, in welcher Logik Effizienz gedacht und gestaltet wird. Wie diese Analyse- und Ordnungslogik konkret aufgebaut ist und welche Fragen in den einzelnen Analyseperspektiven im Zentrum stehen, wird im folgenden Teil dargestellt.

Reflexionsfragen

- Nach welchen impliziten Regeln entscheiden wir, womit wir beginnen und womit wir warten?
- Wo bestimmen Förderlogiken, technische Möglichkeiten oder externe Erwartungen unsere Reihenfolge?
- Welche Themen würden wir anders angehen, wenn wir uns strikt an unsere Klärungslogik hielten?
- Wo haben wir erlebt, dass ein zu früher Einstieg spätere Korrekturen erforderlich gemacht hat?

3.3 Die drei Analyseperspektiven der Verwaltungseffizienz-Analyse

Wenn Effizienz nicht als Einzelmaßnahme, sondern als strukturierende Führungsentscheidung verstanden wird, braucht sie einen klaren Ordnungsrahmen. Dieser Ordnungsrahmen muss zwei Anforderungen erfüllen. Er muss Orientierung geben, ohne zu verengen, und er muss eine Reihenfolge vorgeben, ohne starre Rezepte zu liefern. Die Verwaltungseffizienz-Analyse (VEA) erfüllt genau diese Funktion, indem sie nicht einzelne Methoden beschreibt, sondern eine Analyse- und Ordnungslogik bereitstellt, die sicherstellt, dass Effizienz dort ansetzt, wo sie strukturell am wirksamsten ist. Sie basiert auf drei aufeinander aufbauenden Analyseperspektiven, von denen jede eine zentrale Leitfrage beantwortet und zugleich die Voraussetzungen für die nächste Perspektive schafft. Entscheidend ist dabei die systematische Abfolge. Effizienz entsteht nicht dadurch, dass alle drei Analyseperspektiven irgendwann berücksichtigt werden, sondern dadurch, dass sie in einer konsistenten Analyseabfolge durchlaufen werden und ihre jeweiligen Ergebnisse aufeinander aufbauen.

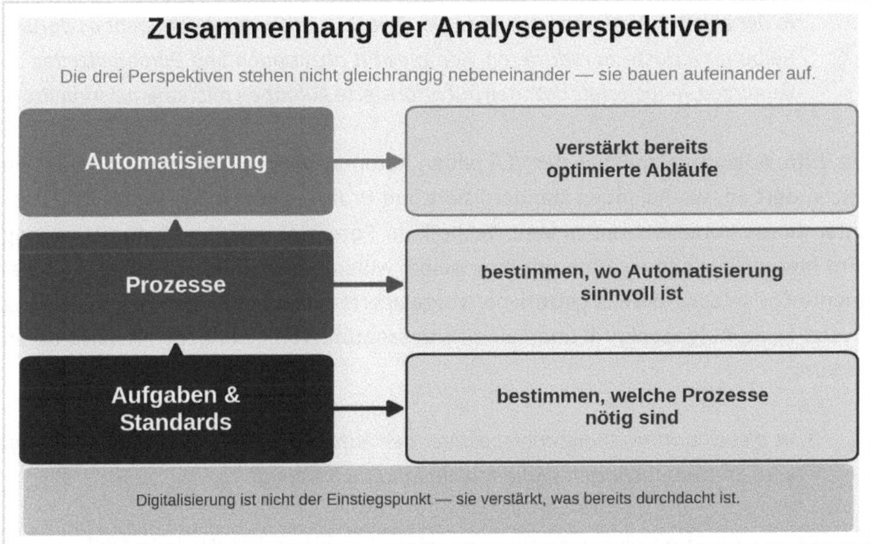

Abb. 4: Zusammenhang der Analyseperspektiven

Die erste Analyseperspektive der VEA bildet die kritische Analyse des Aufgabenportfolios der gesamten Verwaltung sowie der für die Aufgaben geltenden Standards. Sie setzt bei der grundlegendsten Frage an, nämlich was die Verwaltung tut und mit welchem Anspruch sie die jeweiligen Aufgaben und Leistungen erledigt. Auf dieser Stufe wird der Aufgabenbestand nicht als gegeben hingenommen, sondern bewusst kritisch betrachtet. Im Rahmen dieser kritischen Analyse werden alle Aufgaben nach ihrem Wirkbeitrag für die Verwaltungsziele eingeordnet sowie die jeweils für die Aufgaben definierten Standards in ihrer Angemessenheit hinterfragt. Ziel ist es, Klarheit darüber zu gewinnen, welche Aufgaben eine hohe Bearbeitungstiefe rechtfertigen und für welche schlanke Standards ausreichend sind.

> *Diese erste Analyseperspektive der kritischen Aufgaben- und Standardprüfung entscheidet darüber, wo Effizienz überhaupt relevant wird. Ohne diese Klärung bleibt jede weitere Maßnahme blind gegenüber dem eigentlichen Entlastungspotenzial.*

Auf dieser Grundlage folgt die zweite Analyseperspektive der VEA, die Zweckkritik und Prozessoptimierung miteinander verbindet. Erst wenn klar ist, welche Aufgaben welchen Stellenwert haben, stellt sich sinnvoll die Frage, wie diese Aufgaben organisiert werden sollten. Zweckkritik bedeutet, Prozesse nicht nur in ihrer Abfolge zu betrachten, sondern ihren Sinn und ihre Notwendigkeit insgesamt zu hinterfragen. Prozessoptimierung wird nicht als Selbstzweck verstanden, sondern als gezielte Anpassung von Abläufen an klar priorisierten Aufgaben.

In der zweiten Analyseperspektive, der Zweck- und Prozesskritik, geht es darum, Reibungsverluste zu reduzieren, Komplexität abzubauen und Durchlaufzeiten zu verkürzen, jedoch stets bezogen auf priorisierte Aufgaben mit hohem Wirkbeitrag.

Die dritte Analyseperspektive der VEA bilden Automatisierung und Digitalisierung. Sie setzen dort an, wo Aufgaben standardisiert und Prozesse sinnvoll gestaltet sind. Erst unter diesen Voraussetzungen kann Technik ihr Potenzial entfalten. Automatisierung wird hier nicht als Innovation um ihrer selbst willen verstanden, sondern als konsequente Fortsetzung bereits getroffener vorgelagerter Entscheidungen. Digitalisierung ersetzt keine Aufgabenkritik und keine Prozessoptimierung, sondern verstärkt deren Wirkung.

In dieser dritten Analyseperspektive, der Automatisierung und Digitalisierung, wird Effizienz technisch skaliert, nicht inhaltlich erzeugt.

Die VEA macht damit eine zentrale Abhängigkeit sichtbar, bei der jede Analyseperspektive auf der vorherigen aufbaut. Wird diese Reihenfolge umgekehrt oder verkürzt, entstehen typische Fehlentwicklungen. Aufgaben werden digitalisiert, deren Zweck nie hinterfragt wurde. Prozesse werden optimiert, deren Beitrag gering ist. Technik wird eingesetzt, um Komplexität zu verwalten, statt sie zu reduzieren. Die Verwaltungseffizienz-Analyse (VEA) wirkt diesen Fehlentwicklungen entgegen, indem sie Effizienz konsequent als Entscheidungslogik versteht. Wichtig ist dabei, dass sie kein starres Stufenmodell im Sinne eines Projektplans ist. Sie beschreibt keine einmalige Abfolge, sondern einen wiederkehrenden Denkrahmen. Effizienz entsteht nicht dadurch, dass alle drei Analyseperspektiven einmal durchlaufen werden, sondern dadurch, dass sie dauerhaft als Bezugsrahmen für Entscheidungen dienen. Neue Aufgaben, veränderte Rahmenbedingungen oder technologische Entwicklungen können jederzeit Anlass sein, den Dreiklang erneut anzuwenden.

Der besondere Wert der Verwaltungseffizienz-Analyse (VEA) liegt darin, dass sie unterschiedliche Effizienzdiskussionen zusammenführt, indem sie strategische Fragen nach Aufgaben und deren Wirkung mit organisatorischen Fragen der Prozessgestaltung und technischen Entwicklungen verknüpft.

Die VEA bildet den Analyse- und Ordnungsrahmen, innerhalb dessen Effizienz gedacht, entschieden und umgesetzt werden kann. Zugleich macht sie deutlich, dass keine Stufe für sich genommen ausreicht. Effizienz ist kein Baukasten, sondern eine Steuerungs- und Entscheidungslogik. Welche Fehler entstehen, wenn diese Logik missachtet oder verkürzt wird, zeigt der folgende Teil.

Reflexionsfragen

- Auf welcher Stufe des Dreiklangs bewegen sich unsere aktuellen Effizienzdiskussionen überwiegend?
- Welche Stufe wird bei uns am wenigsten ernsthaft bearbeitet und warum?
- Inwiefern würde uns der Dreiklang helfen, Effizienzfragen zu entpolitisieren und zu versachlichen?

3.4 Typische Fehlanwendungen der Verwaltungseffizienz-Analyse

Die Verwaltungseffizienz-Analyse (VEA) entfaltet ihre Wirkung nur dann, wenn sie als zusammenhängende Analyse- und Ordnungslogik verstanden und angewendet wird. In der Praxis zeigt sich häufig, dass einzelne Analyseperspektiven isoliert aufgegriffen oder in ihrer Analyseabfolge vertauscht werden. Diese Fehlanwendungen sind selten Ausdruck mangelnder Kompetenz, sondern sie entstehen vielmehr dort, wo Effizienz unter Handlungsdruck gerät, und schnelle Lösungen gesucht werden. Gerade deshalb lohnt es sich, typische Muster offen zu benennen.

Eine der häufigsten Fehlanwendungen besteht in der Digitalisierung ohne vorgelagerte Analyse von Aufgaben und Standards im Sinne der ersten Analyseperspektive der VEA. Technische Lösungen werden eingeführt, um bestehende Arbeitsweisen zu beschleunigen oder zu vereinfachen. Der Aufgabenbestand selbst bleibt unangetastet. Standards werden übernommen, Prozesse digital abgebildet, ohne ihren Zweck zu hinterfragen. Das Ergebnis ist eine technisch modernisierte, aber strukturell unveränderte Verwaltung. Effizienzgewinne bleiben so begrenzt, während die Komplexität des bisherigen Verwaltungshandelns fort -und festgeschrieben wird. Eng damit verbunden ist die Automatisierung ineffizienter Standards. Wo die Bearbeitungstiefe von Aufgaben nie im Rahmen der ersten Analyseperspektive bewusst hinterfragt bzw. festgelegt wurde, wird sie stillschweigend in technische Systeme übersetzt. Jeder Sonderfall wird abgebildet, jede Ausnahme berücksichtigt. Die Technik übernimmt die Logik der Überforderung aus der analogen Verwaltungspraxis. Statt Entlastung entsteht ein digitaler Mehraufwand, in Systemen festgeschrieben, der schwer zu korrigieren ist. Effizienz wird versprochen, aber technisch verfestigt und auf Dauer fortgeschrieben wird das Bestehende.

Ein weiteres verbreitetes Muster ist die Prozessoptimierung ohne vorgelagerte Zweckkritik. Prozesse werden detailliert analysiert, modelliert und verbessert, ohne dass zuvor gemäß VEA geklärt wurde, welchen Beitrag die zugrundeliegende Aufgabe leistet. Abläufe werden zwar schneller, transparenter oder standardisierter, doch der Nutzen bleibt begrenzt. Es wird effizient gearbeitet, ohne dass klar ist, wofür. Die Organisation perfektioniert ihre Routinen, statt ihre Schwerpunkte zu hinterfragen.

Besonders problematisch ist die Vermischung der Analyseperspektiven, indem Aufgaben-, Prozess und Technikebene gleichzeitig bearbeitet werden, ohne klare Prioritäten zu definieren. Diskussionen verlaufen parallel, sodass Entscheidungen vertagt werden müssen, weil Abhängigkeiten unklar bleiben. Effizienz wird in der Folge komplexer, statt Klarheit zu schaffen. Die VEA verliert ihre ordnende Funktion, weil ihre immanente Logik nicht konsequent eingehalten wird.

Diese Fehlanwendungen haben gemeinsam, dass sie die unbequemen Entscheidungen zu Beginn umgehen. Aufgabenkritik, die Bewertung von Wirkungen und die Ausdifferenzierung von Standards werden vertagt oder deren Wirkung abgeschwächt. Stattdessen werden Maßnahmen ergriffen, die sichtbar, anschlussfähig und politisch leichter zu vermitteln sind. Effizienz wird damit zur Frage der Technik oder Organisation, nicht der Führung und Steuerung. Die Verwaltungseffizienz-Analyse wirkt genau diesem Muster entgegen, indem sie dazu verpflichtet, die Analyseabfolge einzuhalten und zentrale Richtungsentscheidungen zu Beginn nicht zu übergehen. Sie macht sichtbar, dass Effizienz nicht dort entsteht, wo am meisten getan wird, sondern dort, wo am konsequentesten entschieden wird. Fehlanwendungen sind daher kein Argument gegen die VEA, sondern ein Hinweis auf die Notwendigkeit einer konsequenten Anwendung ihrer Analyse- und Ordnungslogik. Die Benennung dieser Fehlanwendungen dient nicht der Abgrenzung oder Belehrung, sondern soll Orientierung schaffen und vor bekannten Irrwegen schützen. Effizienz ist dadurch nicht einfacher zu erreichen, der Weg und die Ziele werden jedoch klarer. Mit dieser Klarheit ist die VEA-Analyse- und Ordnungslogik vollständig erläutert, die folgenden Kapitel zeigen, wie sie konkret über die drei Analyseperspektiven hinweg ausgestaltet wird.

Reflexionsfragen

- Wo rechtfertigen wir Effizienzmaßnahmen im Nachhinein, anstatt sie vorab logisch einzuordnen?
- Welche Entscheidungen haben wir durch Technik, Prozesse oder Projekte ersetzt?
- Wo hat Effizienzstreben bei uns eher zu zusätzlicher Komplexität als zu Entlastung geführt?
- Welche Fehlanwendung wäre für unsere Organisation aktuell die riskanteste?

3.5 Einordnung der folgenden Kapitel

Mit der Verwaltungseffizienz-Analyse (VEA) ist der Analyse- und Ordnungsrahmen gesetzt, innerhalb dessen Effizienz verstanden, entschieden und umgesetzt werden kann. Die drei Analyseperspektiven bilden keine lose Abfolge von Methoden, sondern eine zusammenhängende Analyse- und Entscheidungslogik, die sicherstellt, dass Maßnahmen nicht isoliert wirken, sondern aufeinander aufbauen. Die folgenden Kapitel greifen diese Logik auf und füllen sie schrittweise mit Inhalt.

Kapitel 4 widmet sich der ersten Analyseperspektive der VEA, der kritischen Analyse von Aufgaben und Standards. Es setzt dort an, wo Effizienz erstmals konkret wird. Bevor Prozesse optimiert oder technische Lösungen eingesetzt werden, ist zu klären, welche Aufgaben welchen Wirkbeitrag leisten und welche Bearbeitungstiefe sie rechtfertigen. Dieses Kapitel behandelt keine methodischen Detailfragen, sondern eine grundlegende Führungsentscheidung. Es zeigt, wie Aufgaben bewertet, priorisiert und in ihrem Anspruch differenziert werden können. Der Fokus liegt dabei auf der Schaffung von Klarheit, nicht auf Vollständigkeit oder Perfektion. Am Ende des Kapitels wurde ein Praxisbeitrag aufgenommen, der beantwortet, wie eine Aufgabenkritik konkret durchgeführt werden kann, um die erste Analyseperspektive der VEA erfolgreich umzusetzen (siehe Kapitel 4.5).

Darauf aufbauend folgt das Kapitel zur zweiten Analyseperspektive der VEA, der Zweckkritik und Prozessoptimierung (siehe Kapitel 5). Hier wird der Blick von den Aufgaben auf ihre organisatorische Umsetzung gelenkt. Im Zentrum steht die Frage, wie priorisierte Aufgaben sinnvoll organisiert werden können. Prozesse werden nicht als Selbstzweck betrachtet, sondern als Mittel zur Zielerreichung. Zweckkritik dient dabei als Korrektiv gegen überkomplexe oder historisch verfestigte Abläufe. Prozessoptimierung wird als gezielte Reduktion von Reibung und Aufwand verstanden, nicht als flächendeckende Modellierungsübung. Am Ende dieses Kapitels finden sich zwei Praxisbeiträge. Im ersten Praxisbeitrag (siehe Kapitel 5.5) wird erläutert, wie Prozessoptimierung in der Praxis durchgeführt werden kann und wie sich auf dieser Grundlage entlang der optimierten Prozessschritte Automatisierungspotenziale identifizieren lassen. Der zweite Praxisbeitrag (siehe Kapitel 5.6) stellt die Möglichkeiten eines tool-gestützten Prozessmanagements mit der PICTURE-Prozessplattform vor und erläutert, wie Prozessmanagement zum wirksamen Element eines organisationsweiten Wissensmanagement werden kann.

Die dritte Analyseperspektive der VEA bildet das Kapitel zu Automatisierung und Digitalisierung (siehe Kapitel 6). Es setzt dort an, wo Aufgaben und Prozesse bereits geklärt und gestaltet sind. Technik wird nicht als Ausgangspunkt, sondern als Verstärker von Optimierungserfolgen aus den vorhergehenden beiden Analyseperspektiven verstanden. Automatisierung und Digitalisierung sollen Entlastung skalieren, nicht Entscheidungen ersetzen. Dieses Kapitel zeigt, wo technischer Einsatz sinnvoll ist, wo er an seine Grenzen stößt und warum Digitalisierung ohne vorgelagerte Klärung wichtiger strategischer Fragen häufig enttäuscht.

Alle drei Kapitel folgen demselben Grundprinzip. Sie erläutern Zielsetzungen, Nutzen und Anwendungslogik der jeweiligen Analyseperspektive, ohne in eine umfassende Methodenlehre einzusteigen. Für vertiefende Darstellungen wird bewusst auf einschlägige Fachliteratur verwiesen. Empfehlungen zur praktischen Umsetzung ergeben sich dagegen aus den aufgenommenen Praxisbeiträgen. Der Anspruch dieses Buches liegt nicht in der vollständigen Beschreibung jedes Methodendetails, sondern in der Klarheit der Einordnung in eine nachhaltige Optimierungslogik. Mit dieser Struktur wird Effizienz nicht als Sammlung von Werkzeugen präsentiert, sondern als durchgängige Denk- und Entscheidungslogik. Die Leserinnen und Leser sollen nicht einzelne Maßnahmen kopieren, sondern den Analyse- und Ordnungsrahmen verstehen, innerhalb dessen sie ihre eigenen Entscheidungen treffen können. Die folgenden Kapitel sind daher als Vertiefungen gedacht, nicht als Anleitungen im eigentlichen Sinne.

Der Einstieg in die erste Analyseperspektive der VEA markiert zugleich einen Übergang von der konzeptionellen Rahmung zur inhaltlichen Arbeit. Während die bisherigen Kapitel Orientierung geschaffen haben, beginnt nun die systematische Auseinandersetzung mit dem Aufgabenbestand der Verwaltung. Effizienz wird damit greifbar, nicht als abstraktes Ziel, sondern als konkrete Führungsentscheidung.

Damit ist der Rahmen vollständig gesetzt. Der nächste Schritt besteht darin, die Frage zu beantworten, die am Anfang jeder Effizienzstrategie steht, nämlich welche Aufgaben welchen Ressourceneinsatz rechtfertigen.

Leitgedanken zum Kapitel

- Effizienz entsteht nicht allein durch Methoden, sondern durch ihre Anwendung in der richtigen Reihenfolge.
- Einzelne Effizienzmaßnahmen bleiben wirkungslos, wenn sie nicht in einen Ordnungsrahmen eingebettet sind.
- Digitalisierung verstärkt Strukturen, sie ersetzt keine Entscheidungen.
- Effizienz ist keine Projektlogik, sondern eine dauerhafte Führungsentscheidungen, die die Organisationskultur prägt.

4 Analyseperspektive: Aufgaben und Standards

Mit der Verwaltungseffizienz-Analyse (VEA) wurde im vorherigen Kapitel ein Analyse- und Ordnungsrahmen eingeführt, der erklärt, in welcher Analyseabfolge Effizienz systematisch erschlossen werden kann. Kapitel 4 konkretisiert die erste Analyseperspektive der VEA und markiert den Einstieg in die methodische Vertiefung. Dabei beginnt es bewusst nicht mit Prozessen oder Technik, sondern mit der grundlegendsten Frage jeder effizienzorientierten Steuerung, nämlich welche Aufgaben die Verwaltung insgesamt erledigt und mit welchem Anspruch sie das tut und tun sollte. Das Kapitel erfüllt im Gesamtbuch eine wichtige Filterfunktion, da es verdeutlicht, dass Effizienz nicht durch bessere Abläufe entsteht, solange der Aufgabenbestand selbst und die zugrunde gelegten Standards nicht hinterfragt werden. Wer Prozesse optimiert oder digitalisiert, ohne zuvor Aufgaben und Bearbeitungstiefen zu prüfen, läuft Gefahr, bestehende Überlastung lediglich zu beschleunigen. Dieses Kapitel verschiebt den Fokus daher konsequent weg von der Frage wie etwas erledigt werden sollte, hin zu der Analyse, ob und in welcher Tiefe Aufgaben für die Ziele der Verwaltung tatsächlich relevant sind. Zugleich grenzt das Kapitel den Anspruch der Aufgabenkritik bewusst ein, indem es Aufgabenkritik nicht als vollständige Abschaffung von Verwaltungsaufgaben begreift, sondern als eine strukturierte Auseinandersetzung mit Wirkbeiträgen, Leistungsansprüchen und Standardtiefe. Kapitel 4 zeigt, warum Differenzierung notwendig ist und weshalb der pauschale Anspruch gleicher Qualität für alle Aufgaben strukturell in die Überforderung führt. Im Aufbau des Buches bildet das Kapitel damit die methodische Grundlage innerhalb der VEA für die weiteren Analyseperspektiven. Es schafft die Voraussetzungen dafür, dass Zweckkritik, Prozessoptimierung, Automatisierung und Digitalisierung gezielt und wirksam eingesetzt werden können. Ohne diese Klärung bleibt Effizienz beliebig, mir ihr wird sie im Sinne der VEA steuerbar.

4.1 Warum Aufgabenkritik der Ausgangspunkt jeder Effizienzstrategie ist

Wenn Verwaltungen über Effizienz sprechen, richtet sich ihr Blick häufig auf Prozesse, Abläufe und technische Lösungen. Es wird darüber diskutiert, wie Tätigkeiten schneller, reibungsloser oder kostengünstiger erledigt werden können. Diese Perspektive greift jedoch zu kurz, weil sie zu spät ansetzt.

> *Effizienz entscheidet sich nicht primär in der Ausführung von Aufgaben, sondern in der vorgelagerten Analyse, welche Aufgaben überhaupt in welcher Form erledigt werden sollen.*

Der Aufgabenbestand einer Verwaltung ist kein neutraler Ausgangspunkt. Er ist historisch gewachsen, politisch geprägt und rechtlich gerahmt. Neue Aufgaben kommen hinzu, bestehende werden erweitert, alte bleiben bestehen. Selten wird systematisch überprüft, ob Aufgaben noch den Stellenwert haben, der ihnen ursprünglich zugeschrieben wurde, oder ob sie weiterhin einen relevanten Beitrag zu den Zielen der Verwaltung leisten. Der Aufgabenbestand wird verwaltet, die Chancen einer aktiven Gestaltung werden so nicht ausreichend genutzt. Diese Haltung hat weitreichende Folgen. Wer im gegebenen Aufgabenbestand arbeitet, akzeptiert implizit dessen Umfang und Struktur. Effizienz wird dann zwangsläufig nur als Frage der Optimierung innerhalb eines bestehenden Rahmens verstanden. Prozesse werden verbessert, Zuständigkeiten angepasst, digitale Lösungen eingeführt. All diese Maßnahmen können sinnvoll sein, ändern jedoch nichts an der grundlegenden Aufgabenlast, da der Aufgabenbestand in seinem Umfang selbst nicht zur Disposition steht. Effizienz bleibt in diesem Fall begrenzt und punktuell. Der eigentliche Engpass liegt daher nicht in der Art und Weise, wie Aufgaben erledigt werden, sondern in der fehlenden systematischen Analyse des Aufgabenportfolios im Sinne der ersten Analyseperspektive der Verwaltungseffizienz-Analyse (VEA). Verwaltungen stehen vor der Herausforderung, immer mehr Aufgaben mit einem immer höheren Anspruch erfüllen zu müssen. Die Komplexität des Verwaltungsalltags steigt neben der Aufgabenmenge kontinuierlich. Gleichzeitig sind jedoch die zur Verfügung stehenden Ressourcen begrenzt. Diese Spannung lässt sich nicht dauerhaft durch bessere Organisation auflösen. Sie erfordert Entscheidungen darüber, was im Zentrum des Verwaltungshandelns stehen soll und was nicht. Gerade hier zeigt sich ein grundlegendes Missverständnis. Aufgabenkritik wird häufig als radikales Infragestellen der Verwaltungsaufgaben verstanden, als Vorstufe zur Reduzierung von Leistungsumfängen oder zur kompletten Abschaffung von Leistungen. Entsprechend groß ist die Gegenwehr. Tatsächlich geht es bei einer kritischen Betrachtung von Verwaltungsaufgaben mittels VEA jedoch nicht primär um Reduktion, sondern um Bewertung und Priorisierung.

> *Nicht jede Aufgabe ist gleich bedeutsam. Nicht jede Aufgabe rechtfertigt den gleichen Ressourceneinsatz. Effizienz beginnt dort, wo diese Unterschiede sichtbar gemacht und anerkannt werden. Solange Aufgaben allein durch ihre formale Existenz legitimiert sind, bleibt Effizienz abstrakt. Effizienz erfordert eine zusätzliche Analyseperspektive, die im Rahmen der VEA die Frage nach dem tatsächlichen Nutzen einer Aufgabe sowie ihrer gesellschaftlichen Wirkung systematisch stellt. Diese Perspektive fehlt in vielen Effizienzdiskussionen.*

Die Tatsache, dass eine Aufgabe rechtlich geboten ist, sagt noch nichts über ihren aktuellen Wirkbeitrag aus. In einer Situation knapper Haushaltskassen reicht diese Legitimation nicht mehr aus. Die typische Reaktion heute ist der Versuch, alle Aufgaben gleichermaßen zu optimieren. Dies führt zu der paradoxen Situation, dass Verwaltungen erhebliche Energie investieren, um ihr Handeln zu optimieren, ohne zu klären, ob die Aufgaben im Gesamtzusammenhang die gleiche Aufmerksamkeit verdienen. Effizienzmaßnahmen laufen ins Leere, wenn sie nicht in die Analyse- und Ordnungslogik der VEA eingebettet sind und daher an der falschen Stelle ansetzen.

Ein weiteres Problem besteht darin, dass Aufgaben häufig als unveränderliche Einheiten betrachtet werden. Sie werden als gegeben vorausgesetzt und lediglich in ihrer Ausführung variiert. Diese Sichtweise verkennt, dass Aufgaben immer auch gestaltbar sind, nicht zwingend im Ob, jedoch sehr wohl in ihrem Umfang, ihrer Tiefe und ihrer organisatorischen Einbettung. Effizienz beginnt mit der Erkenntnis, dass Aufgaben keine Naturgesetzte sind, sondern Ergebnisse von Entscheidungen. Gerade in überlasteten Verwaltungen zeigt sich, wie problematisch der Verzicht auf diese Erkenntnis ist. Neue Anforderungen werden integriert, ohne bestehende Aufgaben zu hinterfragen. Der Arbeitsumfang der Organisation verdichtet sich, ihr Handeln wird komplexer und träger. Effizienzinitiativen verstärken diesen Effekt häufig noch, weil sie zusätzliche Aktivitäten erzeugen, ohne den Aufgabenbestand zu reduzieren oder neu zu ordnen. Die Verwaltung arbeitet immer mehr, ohne spürbar entlastet zu werden.

> *Die erste Analyseperspektive der VEA setzt an diesem Punkt an, indem sie den Fokus von der Ausführung auf die vorgelagerte Entscheidungslogik verschiebt. Sie fragt nicht zuerst, wie etwas effizient erledigt werden kann, sondern ob und mit welchem Anspruch es erledigt werden sollte.*

Diese Frage ist unbequem, weil sie Priorisierung verlangt. Sie ist jedoch unvermeidbar, wenn Effizienz mehr sein soll als eine Sammlung technischer und prozessualer Verbesserungen. Effizienz beginnt bei den Aufgaben, weil dort der größte Hebel liegt. Wer Aufgaben in ihrer Existenzberechtigung und Struktur nicht hinterfragt, optimiert möglicherweise Tätigkeiten, die für die Zielerreichung der Verwaltung nur einen geringen Beitrag leisten. Wer hingegen bereit ist, den Aufgabenbestand systematisch zu analysieren schafft die Voraussetzung dafür, Ressourcen gezielter einzusetzen. Erst auf dieser Grundlage lassen sich Prozesse sinnvoll gestalten und digitale Lösungen wirksam einsetzen.

Damit ist die Richtung für dieses Kapitel vorgegeben. Bevor über Standards, Prozesse und Automatisierung gesprochen werden kann, ist zu klären, welche Aufgaben im Zentrum stehen und welchen Wirkbeitrag sie leisten. Diese Klärung ist keine methodische Übung, sondern eine Führungsentscheidung. Sie bildet den Ausgangspunkt für jede ernsthafte Effizienzstrategie und stellt die erste Analyseperspektive der Verwaltungseffizienz-Analyse (VEA) dar.

Reflexionsfragen

- Wissen wir, welche Aufgaben den größten Beitrag zur Zielerreichung unserer Organisation leisten?
- Wo behandeln wir Aufgaben als unveränderlichen Bestand statt als gestaltbaren Leistungsumfang?
- Welche Aufgaben würden wir heute nicht mehr in dieser Form übernehmen, wenn wir neu beginnen müssten?
- Wo fehlt uns Transparenz darüber, womit wir tatsächlich Wirkung erzeugen?

4.2 Wirkbeitrag als zentrales Bewertungskriterium

Die Frage, ob eine Aufgabe erledigt werden muss, wird in Verwaltungen traditionell über formale Kriterien beantwortet. Rechtliche Erforderlichkeit, politische Beschlüsse oder historisch gewachsene Zuständigkeiten gelten als hinreichende Legitimation. Solange Ressourcen verfügbar sind, bleibt diese Logik weitgehend unangefochten. In Zeiten struktureller Überlastung reicht sie jedoch nicht mehr aus. Effizienz erfordert eine zusätzliche Perspektive, bei der die Frage des tatsächlichen Wirkbeitrags einer Aufgabe systematisch in den Blick genommen werden muss. Wirkbeitrag beschreibt, welchen Unterschied eine Aufgabe im Hinblick auf die Ziele der Verwaltung tatsächlich macht. Er bezieht sich nicht auf die bloße Erfüllung formaler Anforderungen, sondern auf den konkreten Nutzen für Gesellschaft, Zielgruppen und politische Zielsetzungen. Diese Unterscheidung ist zentral, weil sie den Blick von der Existenz einer Aufgabe auf ihre Bedeutung lenkt.

> *Nicht jede Aufgabe, die rechtlich vorgeschrieben oder politisch gewollt ist, entfaltet automatisch einen hohen Wirkbeitrag. Gerade im öffentlichen Sektor ist diese Differenzierung ungewohnt. Verwaltung versteht sich zu Recht als rechtstreu und verlässlich in ihrem Handeln. Die Erfüllung von Aufgaben gilt als Kern professionellen Handelns. Gleichzeitig führt diese Haltung dazu, dass Aufgaben selten danach bewertet werden, welchen Beitrag sie zur Lösung realer Probleme tatsächlich leisten.*

Ohne eine wirkungsorientierte Analyseperspektive bleibt Effizienz auf die formale Erfüllung von Aufgaben gerichtet, nicht auf ihre tatsächliche Wirkung. In einer Situation angespannter Haushalte wird diese Logik zum Problem. Ein wirkungsorientierter Blick stellt andere Fragen in den Mittelpunkt. Er fragt danach, welche Aufgaben tatsächlich dazu beitragen, gesellschaftliche Ziele zu erreichen, Risiken zu minimieren oder Lebenslagen spürbar zu verbessern. Er fragt auch, wo der Einsatz von Ressourcen in keinem angemessenen Verhältnis zum erzielten Effekt steht. Diese Fragen sind unbequem, weil sie bestehende Selbstverständlichkeiten infrage stellen. Sie sind jedoch unverzichtbar, wenn Effizienz mehr sein soll als die Optimierung des bestehenden und unumstößlichen Aufgabenbestands. Besonders deutlich wird dies in Aufgabenbereichen mit komplexen

Zielsetzungen, etwa im Sozial- und Jugendbereich, wie in der Prävention oder in der Eingliederungshilfe. Hier werden erhebliche Ressourcen eingesetzt, ohne dass Wirkungen immer transparent und belastbar nachgewiesen werden können. Programme werden fortgeführt, weil sie etabliert sind, sich freie Träger gefunden haben, die die Leistungen kontinuierlich anbieten, jedoch nicht zwingend, weil ihr Wirkbeitrag klar definiert und belegt ist. Im Sinne der Verwaltungseffizienz-Analyse (VEA) erfordert Effizienz an dieser Stelle eine systematische Inventur, die zwischen tatsächlich belegbaren Wirkungen und bloß angenommenen Effekten unterscheidet. Eine solche Inventur ist keine Kritik an der Motivation oder Professionalität der handelnden Akteure, sondern Ausdruck verantwortungsvoller Steuerung. Wenn Haushalte angespannt sind und Handlungsspielräume schrumpfen, kann es nicht genügen, sich auf historische Begründungen oder rechtliche Möglichkeiten zu berufen. Effizienz verlangt, Ressourcen dort einzusetzen, wo sie den größten Unterschied machen. Das setzt voraus, dass Wirkbeiträge zumindest plausibel beschrieben und voneinander abgegrenzt werden. Der Verzicht auf diese Abgrenzung führt zu einer nivellierenden Logik, weil dann alle Aufgaben gleich wichtig erscheinen und alle Leistungen denselben Anspruch rechtfertigen. Die Folge ist, dass Ressourcen in der Breite verteilt werden, ohne klare Schwerpunkte zu setzen.

> *Effizienzinitiativen laufen ins Leere, wenn sie nicht entlang klar identifizierter Wirkbeiträge priorisieren und dadurch die zentralen Steuerungshebel der VEA ungenutzt lassen. Wirkungsorientierung durchbricht diese Logik. Sie erlaubt es, Aufgaben bewusst zu priorisieren und Unterschiede im Ressourceneinsatz zu legitimieren.*

Der Wirkbeitrag ist dabei kein absoluter Maßstab, da sich die Wirkung nicht immer quantifizieren oder eindeutig messen lässt. Effizienz verlangt keine perfekte Wirkungsanalyse, sondern eine nachvollziehbare Bewertung. Entscheidend ist nicht, ob Wirkungen vollständig nachgewiesen werden können, sondern ob sie als handlungsleitendes Kriterium ernst genommen werden. Effizienz entsteht nicht durch Kennzahlen allein, sondern über Klarheit hinsichtlich der Ziele und relevanten Zusammenhänge. Auf dieser Basis lassen sich geeignete Erfolgsindikatoren ableiten. Diese wirkungsorientierte Klarheit hat unmittelbare Konsequenzen für die Setzung von Standards im Rahmen der VEA. Aufgaben mit einem hohen Wirkbeitrag rechtfertigen eine höhere Bearbeitungstiefe und besondere Sorgfalt. Aufgaben mit geringem Wirkbeitrag sollten dagegen so gestaltet werden, dass sie mit minimalem Aufwand erledigt werden können. Diese Differenzierung ist kein Qualitätsverlust, sondern Anspruch professioneller Wahrnehmung von Verantwortung. Sie schützt zentrale Aufgaben vor Überforderung durch zu geringe Ressourcen und verhindert Ressourcenverschwendung in randständigen Bereichen. Dies eröffnet neue Handlungschancen für die Verwaltung, da der sonst so verengte Blick der Aufgabenkritik auf pflichtige und freiwillige Aufgaben zugunsten unterschiedlicher Schwerpunktsetzungen geweitet wird, ohne dass Aufgaben, wie sonst in der Aufgaben-/Zweckkritik üblich, unbedingt komplett zur Disposition gestellt werden müssen. Der Übergang von formaler Legitimation hin zu einer wirkungsorientierten Betrachtung markiert im Sinne der VEA eine grundlegende Verschiebung der Steuerungs- und Entscheidungslogik der Verwaltung. Aufgaben werden nicht mehr allein aufgrund ihres Bestehens fortgeführt, sondern aufgrund ihres Beitrags zu klar definierten Verwaltungszielen. Effizienz wird so zur bewussten Entscheidung über Schwerpunkte, nicht zur nachträglichen Optimierung. Diese Entscheidungen mögen in einer ungeübten Organisation konfliktträchtig sein, sie sind jedoch unvermeidbar, wenn Verwaltungen von der Überforderung in die aktive Gestaltung ihres Handelns zurückfinden wollen.

Damit wird deutlich, dass Effizienz im Rahmen der VEA bei der systematischen Bewertung von Wirkbeiträgen beginnt. Wer Wirkbeiträge von Aufgaben nicht unterscheidet, kann Standards nicht sinnvoll differenzieren. Wer Standards nicht differenziert, bleibt im Modus der Überforderung gefangen. Der nächste Schritt besteht darin, einen weiteren Denkfehler aufzulösen, nämlich die Vorstellung, Effizienz ließe sich durch eine perfekte Bearbeitung des Einzelfalls erreichen. Genau dieser Annahme widmet sich der folgende Teil des Kapitels.

Reflexionsfragen

- Nach welchen Kriterien unterscheiden wir heute zwischen wichtigen und weniger wichtigen Aufgaben?
- Wo ersetzen formale Zuständigkeiten eine echte Wirkungsbetrachtung?
- Welche Aufgaben binden erhebliche Ressourcen, ohne dass ihr Nutzen klar benannt werden kann?
- Wo fehlt uns der Mut, Aufgaben nach ihrem tatsächlichen Beitrag zu bewerten?

4.3 Differenzierung von Bearbeitungstiefe und Standards

Ein zentrales Selbstverständnis vieler Verwaltungen lautet: Jeder Fall ist ein Einzelfall. Diese Haltung ist normativ gut begründet, da sie für fachliche Sorgfalt und den Anspruch steht, individuellen Lebenslagen gerecht zu werden. Gleichzeitig ist sie einer der hartnäckigsten Effizienzblocker – nicht, weil die Betrachtung des jeweiligen individuellen Falls grundsätzlich falsch wäre, sondern weil sie häufig unreflektiert und auf alle Aufgaben gleichermaßen angewendet wird. In der Praxis führt diese Logik dazu, dass Aufgaben unabhängig von ihrem Wirkbeitrag mit maximaler Tiefe bearbeitet werden. Jeder Vorgang wird individuell geprüft, jede Entscheidung umfassend abgesichert, jede Abweichung ausführlich begründet. Diese Herangehensweise mag bei einzelnen Aufgaben sinnvoll und erforderlich sein, als allgemeines Organisationsprinzip ist sie jedoch nicht tragfähig. Sie führt zu einer systematischen Überdehnung von Ressourcen.

Im Rahmen der ersten Analyseperspektive der Verwaltungseffizienz-Analyse (VEA) entsteht Effizienz nicht primär durch die Differenzierung von Standard- und Ausnahmefällen innerhalb einer Aufgabe, sondern durch die bewusste Priorisierung zwischen Aufgaben. Zwar kann die Differenzierung innerhalb von Aufgaben sinnvoll sein, sie ist aber selten der große Hebel.

Der entscheidende Effizienzgewinn der VEA liegt nicht in der Feinjustierung einzelner Prozesse, sondern in der bewussten Unterscheidung und Priorisierung zwischen Aufgaben entlang ihres Wirkbeitrags.

Aufgaben mit einem hohen Wirkbeitrag rechtfertigen dabei eine weitreichendere Bearbeitungstiefe, intensive fachliche Prüfungen und individuelle Entscheidungen. Hier ist Einzelfallorientierung kein Luxus, sondern Voraussetzung für Qualität. Dagegen sollten Aufgaben mit einem geringen Wirkbeitrag mit möglichst geringem Aufwand bearbeitet werden. Eine maximale Bearbeitungstiefe ist hier weder notwendig noch verantwortbar. Diese Aufgaben lassen sich im Idealfall zukünftig komplett automatisiert erledigen, während solche mit hohem Wirkbeitrag die fachliche Expertise der Sachbearbeitenden und einer individuellen Betrachtung bedürfen. Für die wirklich relevanten Aufgaben stehen im althergebrachten Verwaltungshandeln jedoch selten ausreichend Ressourcen zur Verfügung. Der verbreitete Versuch, jede Aufgabe bestmöglich zu erledigen, führt zur Gleichmacherei, da die Verwaltung hier keine wirkungsorientierte Priorisierung und Steuerungsleistung erbringt. In diesen Fällen werden Standards über alle Aufgaben ausgedehnt, unabhängig von der tatsächlichen Bedeutung der Aufgabe.

Das Ergebnis ist eine Organisation, die überall gründlich arbeitet, aber nirgends ausreichend fokussiert handeln kann. Effizienzverluste sind in diesem Modell systemimmanent und systematisch angelegt.

Hinzu kommt, dass die Einzelfalllogik häufig als Schutzmechanismus dient. Wer jeden Fall individuell in der Tiefe bearbeitet, minimiert das Risiko von Fehlern, Kritik oder Auseinandersetzungen. Diese Risikovermeidung ist nachvollziehbar, verschiebt jedoch die Verantwortung von der Organisation auf den einzelnen Sachbearbeitenden und den individuellen Vorgang. Effizienz verlangt an dieser Stelle eine andere Herangehensweise, bei der nicht jeder Einzelfall maximal abgesichert werden muss, wenn der übergeordnete Standard bewusst und nachvollziehbar gesetzt wurde. Die Definition der angemessenen Bearbeitungstiefe ist im Verständnis der VEA keine technische Detailfrage, sondern eine strategische Steuerungsentscheidung. Sie beantwortet, wie viel Aufmerksamkeit, Zeit und Fachlichkeit einer Aufgabe zugestanden werden. Diese Entscheidung darf nicht implizit bleiben und von den jeweiligen Sachbearbeitenden abhängen.

Solange Standards nicht bewusst entlang der jeweiligen Aufgaben differenziert werden, entsteht ein impliziter Goldstandard für alle Aufgaben. Genau dieser Goldstandard ist einer der Haupttreiber der Überforderung und erhöht die Überlastung der Verwaltung insgesamt mit jeder hinzukommenden Aufgabe weiter.

Ein differenzierte und aufgabenspezifische Setzung von Standards bedeutet nicht, dass Aufgaben mit einem geringen Wirkbeitrag beliebig oder nachlässig bearbeitet werden. Es bedeutet, dass der Ressourceneinsatz für diese Aufgaben bewusst begrenzt wird. Schlanke Standards, klare Routinen und einfache Entscheidungslogiken sind in diesen Fällen Ausdruck professioneller Steuerung, nicht von Verzicht auf Qualität. Sie schaffen Freiräume dort, wo sie dringend benötigt werden, nämlich bei den Aufgaben mit einem hohen Wirkbeitrag für die fast nie ausreichende Ressourcen zur Verfügung stehen. Der eigentliche Effizienzhebel der VEA liegt somit in der Strukturierung und Vertikalisierung des Aufgabenportfolios entlang klar definierter Wirkbeiträge. Aufgaben werden nicht mehr nebeneinander betrachtet, sondern in ihrer Bedeutung zueinander geordnet. Diese Kategorisierung erlaubt es, die Bearbeitungstiefe entlang der verschiedenen Aufgaben und ihrer Wirkbeiträge systematisch zu differenzieren. Effizienz entsteht nicht durch perfekte Prozesse, sondern durch die Passung von Aufwand und Wirkung.

Eine solche Logik ist für viele Verwaltungen ungewohnt, da sie der Vorstellung widerspricht, dass Gerechtigkeit durch Gleichförmigkeit in der Aufgabenerledigung entsteht. Tatsächlich entsteht Gerechtigkeit jedoch durch die Angemessenheit von Ressourceneinsatz und Leistung.

> *Effizienz ist in diesem Modell kein Gegenpol zu Gerechtigkeit, sondern ihre Voraussetzung. Nur wenn Ressourcen gezielt eingesetzt werden, kann dort Qualität gesichert werden, wo sie wirklich zählt.*

Von diesem Ziel sind die Verwaltungen auf allen föderalen Ebenen heute jedoch weit entfernt. Der Abschied von der pauschalen Einzelfalllogik und bestmöglicher Standards ist daher kein Verlust, sondern ein Gewinn an Steuerungsfähigkeit und Fokussierung. Er ermöglicht es, die begrenzten Ressourcen der Verwaltung auf diejenigen Aufgaben zu konzentrieren, die den größten Wirkbeitrag leisten. Damit wird Effizienz erstmals strukturell wirksam und führt zur tatsächlichen Entlastung der gesamten Verwaltung. Diese Differenzierung passiert jedoch nicht von allein, sondern erfordert Entscheidungen, die möglicherweise nicht ohne Konflikte innerhalb der Organisation bleiben. Wer festlegt, dass bestimmte Aufgaben mit einer geringeren Tiefe bearbeitet werden, muss dies begründen und vertreten – insbesondere, weil diese Entscheidung nicht folgenlos für die Organisation bleibt. Sie führt zu einer Verschiebung von Personalressourcen. Diese führt bei den Sachbearbeitenden zu einer gefühlten Aufwertung oder eben Abwertung ihrer Arbeit. Genau in dieser Wahrnehmung liegen die größte Herausforderung und Sprengkraft. An diesem Punkt wird deutlich, dass Aufgabenkritik und Standarddifferenzierung im Rahmen der VEA keine operativen Detailfragen sind, sondern Ausdruck einer bewusst gesetzten Steuerungs- und Entscheidungslogik mit konkreten Folgen für die Organisation und ihr Handeln. Zwar sind diese Folgen gewünscht, sie haben jedoch auch problematische Nebenwirkungen, die beachtet und gewürdigt werden müssen. Diese Führungsdimension steht im Mittelpunkt des folgenden Teils.

Reflexionsfragen

- Wo versuchen wir, alle Aufgaben gleichermaßen zu verbessern oder zu perfektionieren?
- Welche Aufgaben rechtfertigen aus heutiger Sicht einen hohe Bearbeitungstiefe?
- Wo wäre bewusste Vereinfachung angemessener als weitere Qualitätssteigerungen?
- Welche Aufgaben müssten wir eigentlich entlasten, um die wichtigen besser zu erledigen?

4.4 Standards als Führungsentscheidung

Die kritische Analyse von Aufgaben und die bewusste Differenzierung von Standards sind keine methodischen Nebenprodukte guter Organisation. Sie sind Ausdruck von verantwortungsvoller Führung. Dort, wo Entscheidungen delegiert, vertagt oder vermieden werden, bleibt Effizienz zwangsläufig punktuell. Aufgabenkritik ist im Verständnis der Verwaltungseffizienz-Analyse (VEA) kein technisches Instrument, sondern eine strategische Entscheidung darüber, wofür Verwaltungen ihre begrenzten Ressourcen einsetzen. Diese Entscheidung kann nicht an operative Ebenen delegiert und damit ausgelagert werden.

Mitarbeitende können Prozesse verbessern, Abläufe vereinfachen und Vorschläge zur Entlastung machen. Sie können jedoch nicht entscheiden, welche Aufgaben im Zentrum des Verwaltungshandelns stehen und welche mit geringerer Tiefe bearbeitet werden sollten. Diese Entscheidungen betreffen den Leistungsumfang der Organisation insgesamt und sind damit originäre Führungsaufgaben.

Gerade hier zeigt sich ein zentrales Dilemma. Führungskräfte erleben die Notwendigkeit von Priorisierung, verfügen jedoch häufig nicht über einen klaren Rahmen, innerhalb dessen sie diese Priorisierung legitimieren können. Ohne eine explizite, im Sinne der VEA definierte Aufgaben- und Wirkungslogik, hängen die Entscheidungen von der einzelnen Führungskraft ab und werden von Mitarbeitenden möglicherweise als willkürlich oder ungerecht wahrgenommen. Die Folge ist eine nachvollziehbare Zurückhaltung der einzelnen Führungskraft, solche Entscheidungen zu treffen, mit der Folge, dass Aufgaben wie gewohnt fortgeführt und Standards nicht hinterfragt werden. Effizienz bleibt so implizit und auf der Gesamtebene der Organisation zufällig.

Eine wirksame Aufgabenkritik setzt daher voraus, dass Führung Verantwortung sichtbar übernimmt. Sie muss den Rahmen setzen, innerhalb dessen Differenzierung möglich ist. Das bedeutet nicht, als Führungskraft jede einzelne Entscheidung selbst treffen zu müssen, wohl aber die Kriterien dafür festzulegen, nach denen entschieden wird. Wirkbeitrag, strategische Relevanz und Angemessenheit der Bearbeitungstiefe werden so zu verbindlichen Bezugspunkten des Führungshandelns.

Dabei kommt der Verwaltungsleitung eine besondere Rolle zu. Sie trägt die Verantwortung für die Gesamtorganisation und muss den Effizienzanspruch an die Verwaltung klar nach innen formulieren. Ohne ein explizites Bekenntnis zur Differenzierung von Aufgaben und Standards bleibt jede Aufgabenkritik Stückwerk. Führungskräfte auf nachgeordneten Ebenen können nur dann wirksam entscheiden, wenn sie sich auf einen solchen Rahmen berufen können. Die konkrete Ausgestaltung dieses Rahmens obliegt jedoch nicht der Verwaltungsleitung selbst. Es sind vor allem die Führungskräfte der mittleren Ebene, die die Aufgabenkritik in die Praxis übersetzen müssen. Sie kennen die Aufgaben, die Belastungen und deren Auswirkungen auf den Verwaltungsalltag. Ihre Rolle besteht nicht darin, jede Aufgabe gleich zu behandeln, sondern darin, den gesetzten Rahmen anzuwenden, zu konkretisieren und strukturell wirksam zu machen. In dieser Funktion sind sie Übersetzer zwischen strategischer Steuerung und operativer Aufgabenwahrnehmung im täglichen Verwaltungshandeln. Gleichzeitig entscheidet sich die Wirksamkeit von Aufgabenkritik vor allem im unmittelbaren Führungshandeln vor Ort. Die operative Führungsebene steuert die tägliche Aufgabenerledigung, setzt Prioritäten im Arbeitsalltag und vermittelt zwischen organisatorischen Entscheidungen und den Erwartungen der Mitarbeitenden. Sie macht Differenzierung konkret, oder unterläuft sie durch implizite Gleichbehandlung aller Aufgaben und Fälle. Ohne ihre aktive Einbindung bleibt Aufgabenkritik eine formale Übung, die im konkreten Verwaltungsalltag verpufft. Diese Rollenverteilung macht deutlich, warum Aufgabenkritik konflikthaft ist. Sie berührt fachliche Identitäten, etablierte Routinen und gewachsene Zuständigkeiten. Entscheidungen über reduzierte Standards oder eine geringere Bearbeitungstiefe werden selten als neutral wahrgenommen. Führung muss diese Konflikte nicht vermeiden, sondern austragen und Gründe für die getroffenen Priorisierungsentscheidungen aktiv kommunizieren und erläutern. Effizienz entsteht nicht durch Konsens um jeden Preis, sondern durch Klarheit und Konsequenz. Hinzu kommt die politische Dimension solcher Entscheidungen, indem Aufgabenkritik häufig als Leistungskürzung und damit als politisch riskant eingeschätzt wird, stößt sie in der Politik möglicherweise ebenfalls auf Widerstand oder löst Verteilkämpfe um Ressourcen aus. Tatsächlich geht es jedoch nicht um einen pauschalen Abbau von Leistungen, sondern um eine bewusste Schwerpunktsetzung zwischen den verschiedenen Aufgaben. Führung muss in der Lage sein, diese Logik zu erklären und im politischen Raum zu vertreten. Ohne politische Rückendeckung bleibt Aufgabenkritik fragil. Mit einer klaren Kommunikation hingegen kann sie als verantwortungsvolle Steuerung legitimiert werden.

Aufgabenkritik und Standarddifferenzierung sind damit kein einmaliger Akt, sondern Bestandteile einer dauerhaften Führungsroutine. Sie erfordern die regelmäßige Überprüfung, Anpassung und Nachsteuerung der Aufgaben, Standards und der jeweiligen Bearbeitungstiefe und prägen so dauerhaft die Steuerungs- und Entscheidungslogik der Verwaltung.

Effizienz entsteht nicht durch einen einmaligen Beschluss oder eine singuläre Initiative, sondern durch die kontinuierliche Auseinandersetzung mit dem Aufgabenportfolio. Führung bedeutet in diesem Kontext, diese Auseinandersetzung zu führen und zu institutionalisieren.

Damit schließt sich der Kreis zu den vorangegangenen Kapiteln. Effizienz als Führungs- und Steuerungsentscheidung konkretisiert sich an dieser Stelle erstmals inhaltlich. Die kritische Analyse von Aufgaben und Standards bildet die erste Analyseperspektive im Rahmen der Verwaltungseffizienz-Analyse. Erst wenn klar ist, welche Aufgaben welchen Wirkbeitrag leisten und welche Bearbeitungstiefe und Standards sie rechtfertigen, können Prozesse in der Folge sinnvoll optimiert und digitale Lösungen gezielt eingesetzt werden.

Wie eine solche Aufgabenkritik in der Praxis konkret umgesetzt werden kann, ist Gegenstand des im nächsten Teil folgenden Praxisbeitrags. Er zeigt ein mögliches Vorgehen aus der Beratungspraxis und macht sichtbar, wie die hier entwickelte Denklogik in einen strukturierten Umsetzungsprozess für eine Aufgabenkritik übersetzt werden kann.

Reflexionsfragen

- Wer entscheidet bei uns faktisch über das Anspruchsniveau von Aufgaben?
- Wo sind Standards historisch gewachsen, ohne je bewusst festgelegt worden zu sein?
- Welche Standards erzeugen heute mehr Aufwand als Nutzen?
- Wo vermeiden wir Standardabsenkungen aus Sorge vor Kritik oder Kontrollverlust?

4.5 Praxisbeitrag: Wie die Umsetzung konkret gelingt

Vor dem Hintergrund der vorangegangenen Überlegungen stellt sich nun die Frage der praktischen Umsetzung, also wie die Aufgabenkritik im Alltag tatsächlich aussieht. Nicht im Ideal, sondern unter Zeitdruck, Widerstand und den konkreten politischen Rahmenbedingungen. Der folgende Beitrag beschreibt ein Vorgehen, das genau unter diesen Bedingungen funktioniert und in verschiedenen Projekten bereits praktisch erprobt ist.

Beteiligte und Rollen

Für eine gelingende Aufgabenkritik braucht es drei Gruppen von Beteiligten: die Aufgabenträger, die Führungskräfte und eine Begleitung außerhalb des Untersuchungsbereichs. Die *Aufgabenträger* bringen das operative Wissen über die tägliche Aufgabenerledigung ein. Sie wissen, wie Aufgaben tatsächlich bearbeitet werden, wo Probleme auftreten und welche Schnittstellen relevant sind. Die *Führungskräfte* übernehmen die strategische Bewertung und treffen die notwendigen Entscheidungen über

Prioritäten und Standards. Diese Rollenverteilung ist nicht verhandelbar, denn die Vermischung beider Perspektiven führt regelmäßig zu Blockaden. Eine *Begleitung* außerhalb des Untersuchungsbereichs sichert die notwendige Distanz. Diese Begleitung kann sich in einem Projektteam strukturieren, das vorzugsweise aus Mitarbeitenden des Organisationsbereichs oder entsprechend für organisationszwecke geschultem Personal besteht. Ergänzend können relevante Stabsstellen, Gleichstellungsbeauftragte oder Personalvertretungen eingebunden werden. Das Projektteam ist grundsätzlich für die korrekte Durchführung und Administration der Aufgabenkritik verantwortlich. Das hier vorgestellte Modell ist so konzipiert, dass es von einem Projektteam durchgeführt wird, das an entsprechenden Stellen auf das Wissen der Mitarbeitenden und Führungskräfte zurückgreift.

Das Vier-Phasen-Modell im Überblick

Insgesamt gliedert sich eine Aufgabenkritik in vier aufeinander aufbauende Phasen mit jeweils eigenem Fokus und konkretem Ergebnis. Die *erste Phase* schafft Klarheit über den Aufgabenbestand und seine strategische Bedeutung. Die *zweite Phase* analysiert, wie die Aufgaben aktuell erledigt werden. Die *dritte Phase* überführt Empfehlungen in verbindliche Entscheidungen. Die *vierte Phase* sichert die Umsetzung und verankert Aufgabenkritik als dauerhafte Routine. Der zeitliche Rahmen für einen vollständigen Durchlauf liegt – je nach Umfang des betrachteten Bereichs – bei drei bis sechs Monaten. Im Folgenden werden die vier Phasen im Detail beschrieben.

Phase 1: Aufgabenaufnahme und Wirkbeitragsbewertung

Bevor über Optimierung oder Entlastung gesprochen wird, braucht es Klarheit über das Aufgabenportfolio und dessen strategische Bedeutung. Die erste Phase schafft diese Grundlage in zwei aufeinander aufbauenden Schritten.

Der *erste Schritt* ist die Aufgabenaufnahme mit den Aufgabenträgern. Ziel ist eine vollständige und strukturierte Übersicht aller Aufgaben des betrachteten Bereichs. Als Grundlage bietet es sich hierbei an, vorhandener Dokumente vorauszuwerten, etwa Geschäftsverteilungspläne, Stellenbeschreibungen oder Produktkataloge. Auf dieser Basis wird ein erster Aufgabenkatalog entwickelt, der anschließend in strukturierten Interviews oder Workshops mit den Aufgabenträgern validiert und ergänzt wird. Dieses Vorgehen hat zwei Vorteile: Der Detaillierungsgrad wird bereits durch den vorbereiteten Katalog gesetzt, und das Projektteam steht am Workshoptag nicht mit einem leeren Blatt Papier und der Frage »Was machen Sie eigentlich in Ihrem Bereich?« vor den Mitarbeitenden. Für jede Aufgabe werden in einer Tabelle grundlegende Informationen erfasst: eine klare Bezeichnung und eine kurze Tätigkeitsbeschreibung, die Rechtsgrundlage, der Auslöser der Aufgabe, die Zuständigkeit sowie eine grobe Einschätzung zu Häufigkeit und Aufwand. In einem Projekt in einem Baubereich zeigte sich beispielsweise schon beim Ausfüllen der Tabelle, dass einzelne Tätigkeiten keiner gesetzlichen Grundlage unterlagen. Sie waren historisch gewachsen und wurden seit

Jahren als selbstverständlich betrachtet. Auf die Frage nach der Rechtsgrundlage konnten keine belastbaren Antworten gegeben werden; gleichzeitig wurde die Aufgabe als »sehr wichtig« verteidigt. Sie machte deutlich, dass hier strategische Schritte eng mit der Führungskraft abgestimmt und sensibel kommuniziert werden mussten. Bei der Aufgabenaufnahme gilt es, einen schmalen Grat zu beschreiten. Wird zu oberflächlich erfasst, fehlt später die Grundlage für eine sinnvolle Analyse. Wird zu detailliert erfasst, wird die Aufnahme zum Selbstzweck und bindet unverhältnismäßig viele Ressourcen. Das Ergebnis dieses ersten Schritts ist ein vollständiger Aufgabenkatalog, der mit den Mitarbeitenden abgestimmt und von diesen freigegeben worden ist.

Der *zweite Schritt* ist die Wirkbeitragsbewertung mit der Führungskraft. Hier zeigt sich in vielen Projektklärungsgesprächen ein häufiges Missverständnis: Viele Verwaltungen versuchen, die Bewertung der Aufgaben durch die Aufgabenträger selbst vornehmen zu lassen. Die Führungskräfte sehen sich nicht in der Verantwortung oder trauen es sich nicht zu, den Wirkbeitrag der Aufgaben aus ihrem Bereich zu bewerten. Die Wirkbeitragsbewertung ist aus unserer Sicht keine Beteiligungsfrage, sondern eine Führungsentscheidung. Zudem klärt sich hier, wie die Führungskraft hinter der Aufgabenkritik steht und somit der Erfolg des gesamten Projekts einzuschätzen ist. Steht Führung nicht sichtbar hinter der Differenzierung, wird sie im weiteren Verlauf nicht durchgehalten. Methodisch beginnt die Wirkbeitragsbewertung mit einer vorbereitenden Recherche durch das Projektteam. Dabei werden Informationen zusammengetragen, die für die Bewertung relevant sind: Perspektiven von Zielgruppen, Erkenntnisse aus Schnittstellengesprächen, verfügbare Daten zur Wirkung oder Nutzung von Leistungen. Diese Recherche stellt sicher, dass die Führungskräfte ihre Bewertung auf einer fundierten Grundlage treffen können und nicht allein auf ihr Bauchgefühl angewiesen sind. Auf dieser Basis findet ein Führungsworkshop zur Wirkbeitragsbewertung statt. Die Führungskräfte bewerten jede Aufgabe aus dem Aufgabenkatalog anhand strukturierter Leitfragen: Welchen Beitrag leistet diese Aufgabe zu den strategischen Zielen der Verwaltung? Welche gesellschaftliche oder soziale Wirkung entfaltet sie? Welches Risiko entsteht bei Nichterfüllung oder Minimalerfüllung? Wie transparent und belegbar ist die Wirkung? Hier wird das Kernelement der Aufgabenkritik gelegt. Besonders deutlich wurde dies in einem Projekt in einem Gesundheitsamt, das unter Überlastungsanzeigen, medialem Druck und politischer Beobachtung stand. Die Führungskraft sprach offen aus, was im Team längst spürbar war: *Wir schaffen nicht mehr alles.* Der Bereich bestand überwiegend aus verpflichtenden Aufgaben. Auf den ersten Blick schien eine Differenzierung kaum möglich. Entscheidend war die Leitfrage: Wo ist der Verlust am größten, wenn wir eine Aufgabe nur eingeschränkt erfüllen? Die Diskussion mit der Gesundheitsamtsleitung machte deutlich, dass beispielsweise der psychologische Dienst und der zahnärztliche Dienst zwar beide Pflichtaufgaben darstellen, die Risiken bei Nichterfüllung jedoch unterschiedlich sind. Priorisierung bedeutete nicht, Pflichten zu ignorieren, sondern Ressourcen bewusst dort zu bündeln, wo gesellschaftlicher Schaden und individuelles Risiko am höchsten wären. Die Differenzierung blieb am Ende nicht folgenlos. Ressourcen wurden bewusst gebündelt, Unterstützungsangebote hinterfragt und Standards überprüft.

Nicht jede Konstellation ist allerdings so eindeutig. Im Rahmen eines anderen Projekts wurden alle Referate der Kernverwaltung grundlegend überprüft, da sie überwiegend freiwillige Aufgaben wahrnehmen oder Aufgaben übernehmen, die auch an anderer Stelle erledigt werden. Hier geht es nicht um Überlastung, sondern um Rechtfertigungsdruck. Die Brisanz ist den Beteiligten oft bewusst. In solchen Fällen muss die Wirkbeitragsbewertung sachlich geführt werden. Kriterien und Risiken sind transparent zu machen, ohne Mitarbeitende oder ganze Organisationseinheiten öffentlich zu entwerten. Gleichzeitig darf Führung nicht ausweichen. Im Zweifel wird der Wirkbeitrag im Projektteam erneut verhandelt – nicht um ihn weichzuzeichnen, sondern um ihn belastbar zu machen.

Das Ergebnis der ersten Phase ist eine Wirkbeitragsmatrix: eine Übersicht aller Aufgaben mit ihrer jeweiligen Wirkbeitragskategorie und einer nachvollziehbaren Begründung. Diese Matrix bildet die verbindliche Grundlage für die weitere Analyse.

So wird's was:

- Wirkbeitragsbewertung ist keine Beteiligungsfrage, sondern eine Führungsentscheidung.
- Pflichtaufgabe bedeutet nicht gleiche Priorität; maßgeblich ist das Risiko bei Nichterfüllung.
- Ohne klare Rückendeckung der Führung scheitert die Aufgabenkritik, bevor sie beginnt.

Phase 2: Vollzugskritik mit Aufgabenträgern

In der zweiten Phase rückt die operative Realität in den Mittelpunkt. Während in Phase 1 priorisiert wurde, geht es nun um die konkrete Ausgestaltung der Aufgaben. Die Perspektive der Aufgabenträger ist dabei unverzichtbar, jedoch klar gerahmt durch die Wirkbeitragsmatrix. Die Differenzierung steht nicht mehr zur Diskussion, sie steuert die Tiefe der Analyse. Die zentrale Frage lautet nicht: Was können wir verbessern?

Sondern: Wie intensiv müssen wir hier tatsächlich einsteigen? Bei Aufgaben mit *hohem Wirkbeitrag* geht es um Stabilität und Qualität. Wo entstehen Engpässe? Welche Risiken bleiben verdeckt? Wo fehlen Ressourcen? Bei Aufgaben mit *mittlerem Wirkbeitrag* steht Effizienz im Vordergrund. Wo entstehen Verzögerungen? Welche Schnittstellen kosten Zeit? Welche Standards gehen über das notwendige Maß hinaus? Bei Aufgaben mit *geringem Wirkbeitrag* lautet die Leitfrage: Was ist das verantwortbare Minimum? Entlastung entsteht nur, wenn Standards bewusst abgesenkt, Frequenzen reduziert oder Aufgaben eingestellt werden.

Die Vollzugskritik erfolgt in moderierten Workshops. Ihr Zweck ist nicht die Dokumentation, sondern die Offenlegung der tatsächlichen Arbeitsrealität. Zahlen und Prozessbeschreibungen zeigen selten, wo Übererfüllung oder unnötige Komplexität entstehen. Diese Erkenntnisse ergeben sich aus einem strukturierten Austausch. In Präsenz hat sich ein stationenbasiertes Format bewährt. Für Aufgabenbereiche werden Arbeitsstationen eingerichtet, an denen entlang klarer, wirkbeitragsbezogener Fragen gearbeitet wird. Bei A-Aufgaben geht es um Qualitäts- und Ressourcenfragen, bei B-Aufgaben um Effizienzpotenziale, bei C-Aufgaben um Reduktion und Mindeststandards. Die Mitarbeitenden ergänzen ihre Perspektiven, sodass ein differenziertes Bild entsteht. In digitalen Formaten empfiehlt sich eine strukturierte Vorabbefragung, differenziert nach Wirkbeitragskategorie. Der anschließende Workshop dient der Klärung, Vertiefung und Priorisierung. Entscheidend ist weniger das Format als die konsequente Orientierung an der Differenzierung aus Phase 1.

In der Praxis zeigt sich in unseren Projekten häufig ein wiederkehrendes Muster. Bei Aufgaben mit hohem Wirkbeitrag werden strukturelle Engpässe meist sehr klar benannt. In einem Projekt zur Steuerbescheidprüfung zeigte sich, dass die internen Abläufe stabil waren. Verzögerungen entstanden an Schnittstellen zu anderen Bereichen. Die Konsequenz war keine interne Prozessoptimierung, sondern eine transparente Adressierung externer Abhängigkeiten und die bewusste Beendigung interner Detaildebatten.

Bei Aufgaben mit geringem Wirkbeitrag tritt häufig ein impliziter Goldstandard zutage. Hohe Bearbeitungstiefen werden verteidigt, obwohl die strategische Relevanz gering ist. Bewegung entsteht oft erst durch eine einfache, aber konsequent gestellte Frage: Was passiert konkret, wenn wir diese Aufgabe nur noch zu achtzig Prozent erfüllen? In vielen Fällen erweist sich das Risiko als überschaubar, während die Entlastungswirkung erheblich ist. In einem Projekt im Personalbereich zeigte sich, dass nicht jede Analyse zur Reduzierung führt. Hier wurde deutlich, dass Aufgaben ohne explizite gesetzliche Grundlage funktional notwendig sind. In den Workshops lag der Schwerpunkt nicht auf dem Ob, sondern auf dem Wie. Prozesse wurden überprüft, Zwischenschritte hinterfragt und Bearbeitungstiefen angepasst, ohne den Aufgabenbestand grundsätzlich infrage zu stellen. Vollzugskritik unterscheidet somit zwischen strategischer Notwendigkeit und operativer Ausgestaltung. Das Ergebnis der zweiten Phase ist eine Vollzugskritik-Tabelle mit konkreten Optimierungsempfehlungen für jede analysierte Aufgabe. Sie wird im Nachgang durch das Projektteam gefüllt und strukturiert die gewonnenen Erkenntnisse. Typischerweise enthält sie Angaben zur Aufgabe, ihrer Einordnung, dokumentierten Problemen, möglichen Optimierungsansätzen, konkreten Empfehlungen und einer Einschätzung der erwarteten Entlastung. Entscheidend ist jedoch nicht die Anzahl der Spalten, sondern die Nachvollziehbarkeit der Ableitungen. Diese Empfehlungen sind jedoch noch keine Entscheidungen. Die Verbindlichkeit entsteht erst in Phase 3.

So wird's was:

- Die Wirkbeitragskategorie bestimmt die Tiefe der Analyse.
- Die entscheidende Frage lautet: Was passiert real, wenn wir bewusst weniger leisten?

Phase 3: Führungsentscheidung

Phase 3 markiert den Übergang von der Analyse zur Verbindlichkeit. Spätestens hier entscheidet sich, ob Aufgabenkritik wirksam wird oder folgenlos bleibt. Solange nicht entschieden wird, bleibt alles beim Alten. Es braucht klare Entscheidungen, und diese liegen bei der Führung.

Im Kern sind drei Fragen zu klären:

1. Welche der erarbeiteten Empfehlungen werden umgesetzt und in welcher Priorität? Nicht alles kann gleichzeitig erfolgen. Entscheidend ist die erwartete Wirkung im Verhältnis zur Umsetzbarkeit.
2. Welche Standards werden verbindlich angepasst? Insbesondere bei Aufgaben mit geringem Wirkbeitrag müssen reduzierte Bearbeitungstiefen ausdrücklich festgelegt werden. Implizite Absenkungen führen dazu, dass weiterhin nach altem Standard gearbeitet wird.
3. Wie werden Ressourcen konkret verschoben? Entlastung bei weniger relevanten Aufgaben ist nur dann sinnvoll, wenn freiwerdende Kapazitäten sichtbar bei priorisierten Aufgaben eingesetzt werden.

Ob diese Fragen konsequent beantwortet werden, hängt maßgeblich von der Haltung der Führung ab. In einem Projekt standen sowohl die Verwaltungsleitung als auch die direkte Führungskraft klar hinter der Methodik. Die Differenzierung wurde offen vertreten, Maßnahmen konkret beschlossen und Zuständigkeiten eindeutig benannt. Dadurch entstand Verbindlichkeit. Die Umsetzungsmaßnahmen waren nicht nur Absichtserklärungen, sondern mit Verantwortlichen und Zeitrahmen hinterlegt. In einem anderen Projekt hingegen blieben Vorbehalte gegenüber der Aufgabenkritik bestehen. Skepsis wurde nicht offen geklärt, sondern in die dritte Phase mitgenommen. In der Folge wurden Maßnahmen zwar diskutiert, Verantwortlichkeiten jedoch nicht eindeutig übernommen. Entscheidungen blieben vage formuliert. Die Unsicherheit aus Phase 1 setzte sich fort und schwächte die Umsetzung bereits im Ansatz. Eine typische Hürde in dieser Phase ist Konfliktvermeidung. Führungskräfte zögern, Standards abzusenken oder Aufgaben zurückzufahren, weil Widerstand zu erwarten ist. Wird jedoch nicht entschieden, bleibt der gesamte Prozess wirkungslos. Führung auf nachgeordneten Ebenen kann nur dann konsequent handeln, wenn die Verwaltungsleitung einen klaren Rahmen setzt und Differenzierung legitimiert. Am Ende dieser Phase steht ein verbindlicher Maßnahmenbeschluss mit klar benannten Zuständigkeiten und einem Zeitrahmen. Erst damit wird aus Analyse tatsächliche Steuerung.

So wird's was:

- Ohne klaren Rahmen von oben bleiben Entscheidungen auf mittleren Ebenen aus.
- Nicht zu entscheiden ist ebenfalls eine Entscheidung.
- Maßnahmen müssen mit konkreten Zuständigkeiten hinterlegt werden.

Phase 4: Umsetzung und Verstetigung

Phase 4 entscheidet darüber, ob Aufgabenkritik ein Projekt bleibt oder zur Führungsroutine wird. Beschlüsse allein verändern noch nichts. Erst konsequente Nachverfolgung und strukturelle Verankerung sichern die Wirkung. Zunächst werden die beschlossenen Maßnahmen in ein verbindliches Tracking überführt. Jede Maßnahme erhält eine verantwortliche Person und einen klaren Zeitrahmen. In regelmäßigen Abständen wird der Fortschritt überprüft. Verzögerungen werden nicht zur Kenntnis genommen, sondern adressiert. Ohne diese Konsequenz verliert der Prozess schnell an Dynamik. Nicht alle Maßnahmen sind sofort umsetzbar. Es ist sinnvoll, zwischen kurzfristig realisierbaren Schritten und strukturellen Veränderungen zu unterscheiden. Frühe sichtbare Fortschritte stärken die Glaubwürdigkeit. Entscheidend ist jedoch, dass auch komplexere Anpassungen nicht auf unbestimmte Zeit vertagt werden.

Langfristig geht Phase 4 über einzelne Maßnahmen hinaus. Aufgabenkritik sollte als wiederkehrender Zyklus etabliert werden. Die Wirkbeitragsmatrix wird regelmäßig überprüft und angepasst. Neue Aufgaben werden nicht selbstverständlich übernommen, sondern vorab hinsichtlich ihres Wirkbeitrags bewertet. So wird verhindert, dass sich der Aufgabenbestand schleichend wieder ausweitet. Erfolg zeigt sich nicht nur in Kennzahlen, sondern vor allem in der spürbaren Entlastung bei priorisierten Aufgaben und in einer realistischeren Erwartungshaltung gegenüber weniger relevanten Tätigkeiten. Am Ende steht kein Abschlussbericht, sondern eine dauerhaft verankerte Steuerungslogik.

So wird's was:

- Was nicht nachverfolgt wird, existiert faktisch nicht.
- Aufgabenkritik scheitert selten an Analyse, sondern an fehlender Konsequenz.
- Neue Aufgaben dürfen nur übernommen werden, wenn ihr Wirkbeitrag geklärt ist.

Fazit

Aufgabenkritik ist kein Instrument, sondern eine Führungsentscheidung, die regelmäßig neu getroffen werden muss. Entscheidend ist nicht methodische Perfektion. Entscheidend ist der Einstieg in eine wirkungsorientierte Steuerung, die Aufgaben nach ihrem tatsächlichen Beitrag bewertet und Ressourcen entsprechend zuordnet. Dieser Einstieg erfordert Mut: Mut zur Priorisierung, Mut zur Differenzierung von Standards, Mut zu Führungsentscheidungen, die nicht allen gefallen werden. Der Lohn für diesen Mut ist eine Verwaltung, die ihre begrenzten Ressourcen dort einsetzt, wo sie den größten Unterschied machen. Eine Verwaltung, die nicht mehr versucht, alles gleich gut zu machen, sondern das Wichtige richtig gut. Eine Verwaltung, die von der Überforderung in die aktive Gestaltung ihres Handelns zurückfindet.

Till Morgenstern, Mitglied der Geschäftsleitung, GfV – Gesellschaft für Verwaltungsberatung mbH

Arbeitsfragen

- Welche der im Praxisbeitrag beschriebenen Schritte wäre bei uns realistisch umsetzbar?
- Wo unterscheiden sich unsere Rahmenbedingungen, wo nicht?
- Welche Widerstände wäre bei einer systematischen Aufgabenkritik zu erwarten?
- Welche Erkenntnisse aus dem Praxisbeitrag fordern unsere bisherigen Annahmen heraus?

Leitgedanken zum Kapitel

- Wer Aufgaben nicht hinterfragt, optimiert möglicherweise das Falsche.
- Wirkbeitrag ist das entscheidende Kriterium für Ressourceneinsatz.
- Nicht jede Aufgabe rechtfertigt denselben Anspruch.
- Standarddifferenzierung ist eine Führungsaufgabe, keine technische Frage.

5 Analyseperspektive: Zweckkritik und Prozessoptimierung

Nachdem in Kapitel 4 Aufgaben und Standards kritisch hinterfragt wurden, richtet sich der Blick nun auf deren Umsetzung. Kapitel 5 beschreibt die zweite Analyseperspektive der Verwaltungseffizienzanalyse (VEA). Es beantwortet die Frage, wie verbleibende Aufgaben so organisiert werden können, dass sie ihren Zweck erfüllen, ohne unnötig Ressourcen zu binden. Die Funktion dieses Kapitels besteht darin, Prozessoptimierung aus dem engen Verständnis technischer oder dokumentationsgetriebener Verbesserungen zu lösen. Das Kapitel macht deutlich, dass effiziente Prozesse nicht aus vollständigen Prozessbeschreibungen oder perfekten Soll-Modellen entstehen, sondern aus einer konsequenten Zweckkritik, die sich der Frage widmet, was der jeweilige Prozess überhaupt leisten soll und was nicht. Erst wenn diese Frage geklärt ist, lassen sich Abläufe sinnvoll vereinfachen und verschlanken. Zugleich grenzt sich das Kapitel von einem klassischen Verständnis über Prozessoptimierung bewusst ab. Es richtet sich gegen langjährige, ressourcenintensive Einzelinitiativen, die zwar methodisch sauber, aber strategisch wirkungslos bleiben. Stattdessen wird Prozessoptimierung als gezieltes Führungsinstrument verstanden, das dort ansetzt, wo Vereinfachung einen spürbaren Beitrag zur Entlastung der Gesamtverwaltung leistet.

Im Aufbau des Buches übernimmt Kapitel 5 damit eine verbindende Funktion, indem es die Ergebnisse der Aufgabenkritik in konkrete organisatorische Veränderung übersetzt. Damit bereitet es auch die dritte Analyseperspektive der VEA, nämlich Automatisierung und Digitalisierung, vor. Denn erst wenn Prozesse zweckorientiert gestaltet sind, kann Automatisierung und Digitalisierung einen tatsächlichen Mehrwert entfalten. Ohne diese Vorarbeit bleibt Technik ein Verstärker bestehender Ineffizienzen.

5.1 Warum Prozessoptimierung ohne Zweckkritik scheitert

Prozessoptimierung gehört zu den am häufigsten eingesetzten Instrumenten der Verwaltungsmodernisierung. Es gibt kaum eine Organisation, die nicht über Prozesslandkarten, Prozessregister oder modellierte Abläufe verfügt. Der Anspruch dahinter ist es, mehr Transparenz zu schaffen, Abläufe zu vereinheitlichen und Effizienzpotenziale in den Arbeitsabläufen zu heben. Dennoch bleibt der erhoffte Effekt häufig aus. Zwar werden die jeweiligen Prozesse beschrieben, jedoch häufig nicht grundlegend neu aufgesetzt. In der Folge sinkt die Belastung bei der Aufgabenerledigung nicht und die Komplexität bleibt hoch. Der Grund dafür liegt selten in der Qualität der Prozessarbeit selbst, sondern daran, dass diese häufig an der falschen Stelle ansetzt. Prozesse werden optimiert, ohne dass zuvor geklärt wurde, welchen Zweck sie eigentlich erfüllen sollen. Die zugrundeliegende Aufgabe wird als gegeben vorausgesetzt, ebenso der Anspruch, mit dem sie bearbeitet wird. Prozessoptimierung wird damit zur technischen Übung innerhalb eines unreflektierten Rahmens. Diese Logik führt zu der paradoxen Situation, dass je detaillierter die Prozesse beschrieben und optimiert werden, desto stärker verfestigen sie die bestehenden Strukturen. Historisch gewachsene Abläufe werden präzise dokumentiert, Sonderregelungen systematisch integriert und Ausnahmen sauber abgebildet. Das Ergebnis ist ein Prozess mit einer hohen formalen Qualität, der jedoch wenig zur Entlastung beiträgt.

Ein weiteres Problem besteht darin, dass Prozessoptimierung häufig mit einem Anspruch an Vollständigkeit verwechselt wird. Ganze Organisationen werden in Prozesslandschaften überführt, unabhängig davon, ob alle Prozesse tatsächlich relevant und wirkmächtig sind. Der dazu erforderliche Aufwand ist enorm und die Ergebnisse sind schwer zu priorisieren. Statt Klarheit entsteht eine neue Ebene der Komplexität im Verwaltungshandeln. In der Folge werden neben den Aufgaben auch die Prozesse »verwaltet«, anstatt sie grundlegend neu zu gestalten. Diese Vorgehensweise ignoriert die maßgebliche Erkenntnis, dass nicht jeder Prozess gleichermaßen bedeutsam ist.

> *Prozesse sind das Mittel zu einer gesteuerten Aufgabenwahrnehmung. Ihr Wert bemisst sich nicht nach ihrer formalen Qualität, sondern an ihrem Beitrag zur effizienten Erfüllung zentraler Aufgaben. Wird dieser Beitrag nicht hinterfragt, fehlt jeder Maßstab für die Optimierung. Prozesse werden verbessert, ohne zu wissen, ob sie überhaupt den richtigen Zweck verfolgen.*

An dieser Stelle setzt die Zweckkritik an. Sie verschiebt den Fokus von der Frage, wie ein Prozess abläuft hin zu der Frage, wozu es den Prozess überhaupt gibt. Zweckkritik verlangt es, den Sinn, den Nutzen und die Notwendigkeit eines Prozesses offenzulegen. Sie prüft, ob ein Prozess tatsächlich zur Zielerreichung beiträgt oder lediglich bestehende Routinen absichert. Ohne diese Prüfung bleibt Prozessoptimierung blind für die häufig so notwendige grundlegende Gestaltung und Neuausrichtung von Arbeitsweisen. In der Praxis wird Zweckkritik oft vermieden, da sie konfliktträchtig ist, weil sie nicht nur die Abläufe, sondern in grundlegender Art und Weise die Aufgaben, Zuständigkeiten und Erwartungen, betrifft. Zweckkritik kann dazu führen, dass Prozesse vereinfacht, zusammengelegt oder sogar abgeschafft werden. Das widerspricht dem impliziten Anspruch vieler Optimierungsinitiativen, alles besser, aber nichts weniger zu machen. Effizienz verlangt jedoch genau diese Bereitschaft zur Reduktion.

Ein weiteres Hindernis liegt in der typischen Trennung von Aufgaben- und Prozessebene. Häufig besteht ein Optimierungsverständnis, nachdem sich Prozesse losgelöst von den Aufgaben optimieren ließen. Tatsächlich sollten Prozesse Ausdruck einer bestimmten Aufgabenlogik und eines bestimmten Anspruchsniveaus sein. Wer Prozesse optimiert, ohne diese Logik zu hinterfragen, reproduziert bestehende Überforderung, mit der Folge, dass Effizienzgewinne auf Prozessebene marginal bzw. oberflächlich bleiben. Prozessoptimierung ohne Zweckkritik verstärkt zudem den Aktivismus, den die Verwaltungseffizienz-Analyse (VEA) durch ihren methodischen Aufbau vermeiden will. Es wird gehandelt, modelliert und verbessert, ohne dass zuvor klare Entscheidungen über Prioritäten im Verwaltungshandeln getroffen wurden. Prozesse werden so zwar schneller, ihr Umfang nimmt jedoch in der Summe nicht ab. Die Koordination durch die Führungskräfte wird durch standardisierte Prozesse effizienter, jedoch nicht einfacher. Die Verwaltung kommt beim Ziel einer nachhaltigen Entlastung so kaum voran.

Die VEA ordnet Prozessoptimierung daher bewusst nachgelagert als zweite Analyseperspektive an.

> *Erst wenn Aufgaben priorisiert und grundlegende Standards zu Bearbeitungsumfang und -tiefe definiert wurden, kann sinnvoll entschieden werden, welche Prozesse überhaupt einer Optimierung bedürfen. Die Zweckkritik bildet dabei die Brücke zwischen Aufgabenlogik und organisatorischer Umsetzung. Sie verhindert, dass Prozesse optimiert werden, deren Beitrag zu den Verwaltungszielen gering ist, und lenkt den Blick auf jene Abläufe, bei denen Vereinfachung tatsächlich entlastet.*

Die Prozessoptimierung wird in der VEA neu verortet, indem sie nicht mehr den Einstieg in mehr Effizienz darstellt, sondern ihre konsequente Fortsetzung. Sie folgt Entscheidungen über Aufgaben und Standards und übersetzt diese in organisatorische Klarheit, welche Aufgaben zukünftig wie zu bearbeiten sind. Ohne Zweckkritik bleibt Prozessoptimierung technokratisch und wird zur Pflichtübung. Mit Zweckkritik wird sie zu einem wirksamen Instrument struktureller Entlastung.

Im nächsten Schritt ist daher zu klären, was Zweckkritik konkret bedeutet, welche Fragen sie stellt und wie sie sich von klassischer Prozessanalyse unterscheidet. Diese Klärung ist Voraussetzung dafür, dass Prozessoptimierung gezielt und wirksam eingesetzt werden kann.

Reflexionsfragen

- Welche Prozesse optimieren wir aktuell, ohne ihren Zweck explizit benannt zu haben?
- Wo verwechseln wir Prozessqualität mit organisatorischer Wirksamkeit?
- Welche Prozesse sind bei uns besonders aufwendig beschrieben, aber wenig entlastend?
- Wo investieren wir in Prozessarbeit, weil sie dran ist, nicht weil sie notwendig ist?

5.2 Zweckkritik: Was soll der Prozess tatsächlich leisten?

Zweckkritik ist der zentrale, aber häufig unterschätzte Schritt zwischen der Entscheidung über Aufgaben und der Gestaltung von Bearbeitungsweisen. Während die Aufgabenkritik klärt, was getan werden soll und mit welchem Anspruch dies erfolgt, richtet sich die Zweckkritik auf die Frage, wie viel Organisation für die Aufgabenerledigung tatsächlich erforderlich ist. Sie setzt dort an, wo Prozesse unreflektiert als notwendig hingenommen werden.

> *In vielen Verwaltungen werden die Arbeitsprozesse als naturgegeben betrachtet. Sie existieren, weil sie existieren, ohne jemals grundlegend hinterfragt zu werden. Folglich werden ihre Abläufe beschrieben, ihre Schritte optimiert, ihre Durchlaufzeiten gemessen. Was dabei fehlt, ist eine explizite Auseinandersetzung mit dem grundlegenden Zweck des jeweiligen Prozesses. Zweckkritik stellt diese Selbstverständlichkeit infrage. Sie betrachtet nicht die optimale Ausgestaltung eines Ablaufs, sondern dient der Überprüfung von Sinn und Notwendigkeit des Prozesses insgesamt.*

Zweckkritik öffnet also den Blick dafür, dass gewünschte Ergebnisse möglicherweise auch ganz anders erreicht werden können als dies bisher der Fall war. Die Zweckkritik nutzt hierzu drei einfache, aber unbequeme Fragen. Zunächst beschäftigt sie sich damit, warum es einen Prozess überhaupt gibt. Anschließend überprüft sie, welchen Beitrag der Prozess zur Erfüllung einer priorisierten Aufgabe leistet, und zuletzt, ob dieser Beitrag den organisatorischen Aufwand rechtfertigt, der mit dem Prozess verbunden ist. Diese Fragen verschieben den Fokus von der internen Logik der Organisation auf ihren tatsächlichen Leistungsbeitrag. Zweckkritik unterscheidet sich damit grundlegend von klassischer Prozessanalyse. Während die Prozessanalyse beschreibt, wie konkret eine Aufgabe bearbeitet werden soll, prüft Zweckkritik, ob und in welchem Umfang dies geschehen sollte. Sie ist keine Vorstufe zur Modellierung, sondern eine Analyse- und Entscheidungsebene. Zweckkritik entscheidet darüber, ob ein Prozess vereinfacht, zusammengelegt, stark reduziert oder im Extremfall komplett aufgegeben wird. Diese Perspektive ist insbesondere deshalb relevant, weil Prozesse im Laufe der Zeit dazu neigen, sich zu verselbstständigen. Es werden zusätzliche Prüfschritte eingeführt, Zuständigkeiten erweitert und Schnittstellen ergänzt. Jeder einzelne Schritt mag für sich genommen begründbar sein, in der Summe entsteht jedoch ein organisatorisches Geflecht, dessen Zweck kaum noch hinterfragt wird. Zweckkritik setzt an dieser Stelle an und zwingt dazu, den Prozess grundlegend infrage zu stellen und wieder auf seinen Kern zurückzuführen.

Ein häufiger Irrtum besteht darin, Zweckkritik mit Detailkritik zu verwechseln. Zweckkritik interessiert sich nicht für einzelne Arbeitsschritte oder Formulare; sie zielt nicht auf Feinjustierung, sondern auf grundsätzliche Klärung. Ihr Gegenstand ist der Prozess als Ganzes, nicht seine technische und organisatorische Ausgestaltung. Erst wenn der Zweck geklärt ist, lohnt sich die Auseinandersetzung mit den Details. Auch geht es nicht um eine Vollständigkeitslogik wie viele Prozessinitiativen sie zur Grundlage haben. Zweckkritik verfolgt nicht das Ziel, alle Prozesse einer Organisation gleichermaßen zu prüfen. Sie ist selektiv und konzentriert sich auf die Prozesse, die mit zentralen Aufgaben verknüpft sind oder einen hohen Ressourcenverbrauch verursachen. Zweckkritik ist damit kein flächendeckendes Instrument, sondern ein gezielter Entlastungshebel. Sie entfaltet ihre Wirkung nur, wenn sie an Entscheidungen gebunden ist. Sie ist keine analytische Übung, sondern eine Grundlage für Führungshandeln. Wenn ein Prozess seinen Zweck nicht oder nur in geringem Maße erfüllt, muss dies Konsequenzen haben. Vereinfachung, Reduktion oder Verzicht sind dabei legitime Ergebnisse einer Zweckkritik. Ohne diese Konsequenz bleibt die Zweckkritik folgenlos.

In der Praxis wird Zweckkritik häufig vermieden, weil sie bestehende Routinen hinterfragt und so Ziel- und/oder Ressourcenkonflikte auslöst. Prozesse sind mit Zuständigkeiten, Kompetenzen und Erwartungen verknüpft. Sie infrage zu stellen berührt daher immer auch organisationale Machtverhältnisse. Effizienz verlangt an dieser Stelle Klarheit und Mut. Nur so ist Zweckkritik mehr als ein technischer Akt, und wird zu einer bewussten Entscheidung von Führung. Gleichzeitig schafft Zweckkritik Orientierung, indem sie sichtbar macht, welche Prozesse tatsächlich für die Organisation relevant sind und welche vor allem organisatorische Selbstbeschäftigung darstellen. Sie ermöglicht es, Prozessoptimierung gezielt dort einzusetzen, wo sie einen erkennbaren Beitrag zur Entlastung leisten kann. Zweckkritik ist damit kein Hemmnis für Prozessarbeit, sondern ihre Voraussetzung.

Mit dieser Klärung ist der Rahmen für die anschließende Prozessoptimierung gesetzt. Erst wenn der Zweck eines Prozesses eindeutig bestimmt ist, kann sinnvoll entschieden werden, wie er gestaltet werden sollte. Die folgende Frage lautet daher nicht mehr, ob Prozesse optimiert werden müssen, sondern wie Prozessoptimierung eingesetzt werden kann, um Reibung innerhalb der Organisation zu reduzieren und vorhandene Komplexität abzubauen. Diesem Punkt widmet sich der nächste Teil.

Reflexionsfragen

- Ist der Zweck unserer zentralen Prozesse klar formuliert oder nur implizit bekannt?
- Welche Prozesse existieren primär zur internen Absicherung?
- Wo fehlt uns die Bereitschaft, Prozesse grundsätzlich infrage zu stellen?
- Welche Prozesse würden wir heute deutlich schlanker aufsetzen, wenn wir neu beginnen müssten?

5.3 Prozessoptimierung als gezielte Reduktion von Reibung

Wenn der Zweck eines Prozesses geklärt ist, verändert sich der Blick auf Prozessoptimierung grundlegend. Sie ist dann keine Suche mehr nach der idealen Prozessdarstellung, sondern eine gezielte Intervention zur Reduktion von Reibung. Prozessoptimierung bedeutet in diesem Verständnis nicht, Abläufe möglichst vollständig abzubilden, sondern sie so zu gestalten, dass sie mit möglichst wenig Koordinierungsaufwand funktionieren. Reibung entsteht überall dort, wo Zuständigkeiten unklar sind, Entscheidungen mehrfach getroffen werden oder Informationen mehrfach erhoben werden müssen. Sie entsteht an Schnittstellen, in Abstimmungsschleifen und bei Medienbrüchen. Klassische Prozessoptimierung setzt häufig an der Darstellung dieser Phänomene an, nicht an deren Beseitigung. Prozesse werden detailliert modelliert, ohne dass sich ihr tatsächlicher Ablauf spürbar vereinfacht oder die Aufgabenerledigung neu gedacht würde.

> *Eine wirksame Prozessoptimierung verfolgt einen anderen Ansatz, indem sie nicht danach fragt, wie ein Prozess formal korrekt beschrieben werden kann, sondern wo er unnötig kompliziert ist. Ziel ist es Entscheidungswege zu verkürzen, Verantwortlichkeiten zu klären und unnötige Prüf- oder Freigabeschleifen zu eliminieren. Effizienz entsteht hier durch die Vereinfachung, nicht die Präzisierung des Prozesses.*

Ein zentraler Hebel liegt in der Reduktion von Schnittstellen. Jede Übergabe zwischen Organisationseinheiten erzeugt Abstimmungsbedarf und Verzögerung. Viele Prozesse sind historisch so gewachsen, dass sie mehrere Ebenen und Bereiche durchlaufen. Zweckkritik macht sichtbar, welche Übergaben tatsächlich notwendig sind. Prozessoptimierung setzt dort an und reduziert die Anzahl der Beteiligten auf das fachlich erforderliche Maß. Ebenso relevant ist die Klarstellung von Verantwortlichkeiten, da diese in Prozessen häufig diffus verteilt sind. Entscheidungen werden vorbereitet, geprüft und kommentiert, aber selten eindeutig getroffen. Diese Unschärfe verlängert Durchlaufzeiten und erhöht den Koordinationsaufwand. Prozessoptimierung bedeutet hier, Verantwortung zu bündeln und Entscheidungskompetenzen klar zuzuordnen. Das erfordert Führung, nicht zusätzliche Prozessbeschreibungen.

Ein weiterer Aspekt betrifft den Umgang mit Ausnahmen. Häufig werden Prozesse so gestaltet, dass sie alle denkbaren Sonderfälle abbilden können. Das Ergebnis sind komplexe Abläufe, die im Normalfall unnötig schwerfällig sind. Eine auf Entlastung ausgerichtete Prozessoptimierung trennt konsequent zwischen Regel- und Ausnahmefällen. Sie gestaltet Prozesse für den Regelfall schlank und akzeptiert, dass Ausnahmen gesondert behandelt werden müssen. Effizienz entsteht nicht durch Vollständigkeit, sondern durch Fokus. Auch die Anzahl und Art der Entscheidungspunkte ist bedeutsam. Viele Prozesse bilden implizite oder explizite Entscheidungsschritte ab, die keinen echten Mehrwert erzeugen. Freigaben werden routinemäßig eingeholt, ohne dass sie inhaltlich geprüft werden, Prozessoptimierung setzt hier an und fragt danach, welche Entscheidungen tatsächlich erforderlich sind. Der Verzicht auf überflüssige Entscheidungsschritte ist einer der wirksamsten Effizienzhebel. Wichtig ist, Prozessoptimierung nicht mit Perfektionismus zu verwechseln. Ziel ist nicht der der optimale Prozess im theoretischen Sinne, sondern ein praktikabler Ablauf, der zuverlässig funktioniert. Kleine Unschärfen sind dabei oft weniger problematisch als überkomplexe Regelungen.

Effizienz entsteht durch die Robustheit der Arbeitsabläufe, nicht durch deren Eleganz.

Eine gezielte Reduktion von Reibung setzt voraus, dass Prozessoptimierung selektiv eingesetzt wird. Nicht jeder Prozess verdient denselben Optimierungsaufwand. Prozesse, die mit Aufgaben von geringem Wirkbeitrag verbunden sind, sollten möglichst einfach gehalten werden. Aufwendige Optimierung lohnt sich dort nicht. Effizienz entsteht durch Konzentration auf die richtigen Stellen. Damit wird Prozessoptimierung zu einer Übersetzungsleistung, bei der die in der Aufgabenkritik und Zweckkritik getroffenen Entscheidungen in organisatorische Abläufe übersetzt werden. Sie ist kein Selbstzweck und kein flächendeckendes Reforminstrument, vielmehr hängt ihre Wirksamkeit davon ab, ob sie konsequent auf Entlastung ausgerichtet ist. Die Reduktion von Reibung ist jedoch nicht allein eine technische Frage, sondern erfordert Entscheidungen über Zuständigkeiten, Verantwortung und Standardsetzung. Damit rückt erneut die Rolle der Führung in den Mittelpunkt. Warum Prozessoptimierung ohne klare Führung an ihre Grenzen stößt und welche Steuerungsentscheidungen hier erforderlich sind, ist Gegenstand des folgenden Teils.

Reflexionsfragen

- Wo entstehen in unseren Abläufen die größten Reibungsverluste?
- Welche Schnittstellen verursachen regelmäßig Verzögerungen oder Abstimmungsbedarf?
- Wo ist der Umgang mit Ausnahmen aufwendiger als der Regelfall?
- Welche Entscheidungsschritte könnten entfallen, ohne Qualität zu verlieren?

5.4 Prozessoptimierung als Führungs- und Steuerungsaufgabe

Prozessoptimierung wird in der Praxis häufig als operative Aufgabe verstanden. Fachbereiche analysieren ihre Abläufe, Projektteams modellieren Prozesse, externe Berater liefern Vorschläge für Prozessverbesserungen. Führung tritt dabei meist moderierend oder begleitend auf. Diese Rollenverteilung greift jedoch zu kurz, da Prozessoptimierung ihre Wirkung nur dann nachhaltig entfaltet, wenn sie als Führungs- und Steuerungsaufgabe verstanden wird. Der Grund dafür ist, dass Prozesse kein neutrales

Organisationsphänomen darstellen, sondern Entscheidungen über Aufgaben, Zuständigkeiten, Standards und Verantwortlichkeiten widerspiegeln. Wer Prozesse verändern will, greift zwangsläufig in diese Entscheidungen ein. Solche Eingriffe lassen sich nicht dauerhaft delegieren, vielmehr erfordern sie Legitimation, Klarheit und Konsequenz und sind damit klassische Führungsaufgaben. Ohne klare Führung neigt Prozessoptimierung dazu, sich im Detail zu verlieren, indem Abläufe beschrieben, Varianten diskutiert und Kompromisse gesucht werden. Entscheidungen werden so vermieden oder vertagt, um Konflikte zu vermeiden. Das Ergebnis sind Prozesse, die formal verbessert wirken, in der Praxis jedoch kaum Entlastung bringen und als der kleinste gemeinsame Nenner der Beteiligten manifestiert sind. Führung ist an dieser Stelle gefordert, den Fokus zu setzen und Vereinfachung gegen Widerstände durchzusetzen.

> *Eine zentrale Führungsaufgabe besteht darin, Ziele für Prozessoptimierung zu definieren. Nicht jeder Prozess soll maximal effizient, standardisiert oder digital sein. Führung muss entscheiden, welcher Anspruch an einen Prozess gestellt wird. Diese Entscheidung ergibt sich aus dem Wirkbeitrag der zugrundeliegenden Aufgabe, ohne diese Zielklarheit bleibt Prozessoptimierung beliebig.*

Ebenso wichtig ist die Begrenzung von Komplexität. Viele Prozesse sind deshalb so aufwendig, weil immer neue Anforderungen integriert werden, ohne bestehende Regelungen zu hinterfragen. Führung muss hier aktiv gegensteuern und festlegen, welche Anforderungen zwingend sind und welche bewusst nicht abgebildet werden. Prozessoptimierung bedeutet in diesem Sinne auch, Nein zu sagen zu zusätzlichen Prüfschritten, zu weiteren Abstimmungen, zu immer neuen Sonderfällen.

Prozessoptimierung als Führungsaufgabe zeigt sich auch im Umgang mit Zuständigkeiten. Klare Verantwortlichkeiten sind eine der wichtigsten Voraussetzungen für schlanke Prozesse. Führung muss entscheiden, wo Verantwortung gebündelt wird und wo Mehrfachzuständigkeiten aufgelöst werden können. Diese Entscheidungen sind selten rein fachlich begründet, sie betreffen Macht, Einfluss und das Selbstverständnis der Beteiligten. Gerade deshalb können sie nicht an operative Ebenen ausgelagert werden. Ein weiterer Aspekt betrifft die Verbindlichkeit von Entscheidungen. Prozessoptimierung erzeugt nur dann Entlastung, wenn getroffene Entscheidungen auch umgesetzt und eingehalten werden. Führung muss sicherstellen, dass vereinfachte Prozesse nicht durch informelle Zusatzschleifen unterlaufen werden. Dies erfordert Nachsteuerung und konsequente Rückkopplung. Dabei ist Führung nicht gleichbedeutend mit der Steuerung im Detail. Führungskräfte müssen Prozesse nicht selbst modellieren oder beschreiben. Ihre Aufgabe liegt auf einer anderen Ebene, indem sie den Rahmen setzen, innerhalb dessen Prozessarbeit stattfindet. Sie entscheiden über Zielsetzung, Priorität und Komplexitätsniveau. Die operative Ausgestaltung kann und soll delegiert werden, die grundlegenden Leitplanken dagegen nicht.

Prozessoptimierung als Führungs- und Steuerungsaufgabe bedeutet zudem, sie hausweit zu denken. Einzelne optimierte Prozesse entfalten ihre Wirkung nur begrenzt, wenn sie nicht in eine übergeordnete Steuerungslogik eingebettet sind. Führung muss sicherstellen, dass Prozessarbeit auf gemeinsame Ziele einzahlt und nicht in isolierten Initiativen verpufft. Effizienz entsteht nicht durch viele gute Prozesse, sondern durch ein konsistentes Organisationsdesign. Schließlich ist Prozessoptimierung auch eine Frage der Haltung.

> *Führung muss deutlich machen, dass Vereinfachung kein Qualitätsverlust ist, sondern Voraussetzung für die dauerhafte Leistungsfähigkeit der Verwaltung. Sie muss Unsicherheit aushalten und bereit sein, Entscheidungen zu treffen, deren Wirkung sich nicht vollständig prognostizieren lässt. Prozessoptimierung ist kein risikofreier Akt, sondern Teil aktiver Gestaltung.*

Damit wird deutlich, dass Prozessoptimierung ohne Führung technisch, fragmentiert und weitestgehend wirkungslos bleibt. Mit klarer Führung wird sie dagegen zu einem wirksamen Instrument struktureller Entlastung. Wie diese Logik in der Beratungspraxis konkret umgesetzt werden kann und wie daraus gezielt Automatisierungs- und Digitalisierungspotenziale abgeleitet werden, zeigt der folgende Praxisbeitrag. Der daran anschließende Beitrag beschreibt den Nutzen von digitalen Tools, mit denen sich die Prozessoptimierung, das Prozess- und das Wissensmanagement in der Verwaltung sinnvoll verknüpfen lassen.

Reflexionsfragen

- Wo wird Prozessoptimierung faktisch bei uns an operative Ebenen delegiert?
- Welche Veränderungsentscheidungen werden vermieden, weil sie konfliktträchtig sind?
- Wo fehlt Führung, um Komplexität bewusst zu begrenzen?
- Inwiefern werden getroffenen Prozessentscheidungen konsequent eingehalten?

5.5 Praxisbeitrag: Prozessoptimierung und Digitalisierung

Die Verwaltungseffizienz-Analyse (VEA) definiert die konsequente Abfolge strategischer Entscheidungen für nachhaltige Veränderung in der Verwaltung, beginnend bei der kritischen Überprüfung des Aufgabenbestands, über die gezielte Optimierung von Kernprozessen bis hin zur Digitalisierung als technischer Verstärker bereits getroffener Entscheidungen. Diese Logik ist konzeptionell klar. In der Praxis zeigt sich jedoch, dass der Weg von der Einsicht zur Umsetzung weit ist und oft an fehlenden Führungsentscheidungen und einer mangelnden strategischen Schwerpunktsetzung scheitert. In zahlreichen Beratungsprojekten in deutschen Kommunalverwaltungen erleben wir dasselbe Muster: Optimierungsinitiativen werden gestartet, Ressourcen investiert,

Prozesse modelliert und digitale Systeme eingeführt. Strukturelle Entlastung tritt dennoch nicht ein. Nicht weil die Methoden falsch wären, sondern weil die Entscheidungen fehlen, die ihren Einsatz erst sinnvoll machen. Vor diesem Hintergrund haben wir einen Beratungsansatz entwickelt, der Führungskräfte gezielt in die Optimierungsarbeit einbezieht und sie zu den Steuerungsentscheidungen befähigt, die wirksame Veränderung überhaupt erst ermöglichen.

Dieser Beitrag beschreibt, wie dieser Ansatz in der Beratungspraxis umgesetzt wird. Er zeigt, wo die typischen Stolpersteine liegen, welche Instrumente sich bewährt haben und welche Führungsentscheidungen dabei unverzichtbar und nicht delegierbar sind. Die Darstellung konzentriert sich auf die zweite und dritte Analyseperspektive der VEA, da Prozessoptimierung und Digitalisierung in der Praxis oft unmittelbar zusammenhängen und nur gemeinsam gedacht zu struktureller Entlastung führen. Die Ausführungen basieren auf Erfahrungen aus einer Vielzahl von Projekten in deutschen Kommunen unterschiedlicher Größe und Struktur. Die beschriebenen Herausforderungen, Instrumente und Erkenntnisse spiegeln reale Projektverläufe wider, die nicht als Einzelfall, sondern als wiederkehrendes Muster in verschiedensten Verwaltungen zu beobachten sind.

Warum verpuffen Optimierungsbemühungen in der Praxis?
Der Personalbereich einer Stadtverwaltung hatte über Monate hinweg intensive Prozessarbeit geleistet: Abläufe wurden erhoben, in einer Prozesslandkarte dokumentiert, Optimierungspotenziale identifiziert. Parallel wurde eine neue Softwarelösung für das Bewerbermanagement beschafft und eingeführt. Das Ergebnis nach Abschluss des Projekts: Die Durchlaufzeiten im Auswahlverfahren waren kaum gesunken, die Sachbearbeitung empfand die Arbeitsbelastung als weitgehend unverändert, die Fachführungskräfte beschwerten sich weiterhin über zu lange Auswahlprozesse. Was zunächst wie ein Umsetzungsproblem erschien, erwies sich bei näherer Betrachtung im Rahmen einer Organisationsuntersuchung als strukturelles Versäumnis. Der Prozess des Auswahlverfahrens wurde eins zu eins vom Analogen ins Digitale überführt, inklusive Freigabeschleifen über drei Hierarchieebenen hinweg an unterschiedlichen Prozesspunkten. Standards wurden als gegeben vorausgesetzt, Prüfschleifen unverändert übernommen, Verantwortlichkeiten nicht hinterfragt. Die Digitalisierung des Verfahrens schrieb damit bestehende Ineffizienzen fort, statt sie aufzulösen. Was analog bereits überkomplex war, wurde technisch verfestigt und damit noch schwerer veränderbar. Dieses Muster ist kein Einzelfall. In vielen Projekten begegnet uns eine zweite, verwandte Fehlerquelle: Prozessoptimierung ohne strategische Priorisierung. Statt sich auf die wenigen wirklich relevanten Kernprozesse zu konzentrieren, werden Abläufe flächendeckend erfasst und bearbeitet. Ressourcen fließen in die Verbesserung von Prozessen, deren Beitrag zur Entlastung marginal ist, während die Kapazitäten für die gezielte Vereinfachung erfolgskritischer Abläufe fehlen. Das Ergebnis ist eine Organisation, die permanent an sich arbeitet, ohne ihren Grundzustand spürbar zu verbessern.

Wie gelingt der Einstieg ohne Überforderung?

Der häufigste Fehler beim Einstieg in Prozessoptimierung besteht darin, zu viel auf einmal angehen zu wollen. Die Vorstellung, zunächst alle Prozesse einer Organisationseinheit vollständig zu erheben und zu beschreiben, führt zu einem hohen Aufwand bei überschaubarem Nutzen. In unseren Projekten beginnen wir deshalb nicht mit der flächendeckenden Erhebung, sondern mit der Fokussierung auf das Wesentliche. Gemeinsam mit den Führungskräften der jeweiligen Organisationseinheit werden zunächst die Kernprozesse definiert. Kernprozesse sind Abläufe, die den größten Anteil der verfügbaren Ressourcen binden und zugleich erfolgskritisch für die Zielerreichung des Bereichs sind. Diese Fokussierung folgt einer einfachen Logik: Entlastung muss dort ansetzen, wo Belastung entsteht. Prozesse, die geringe Ressourcen binden oder deren Wirkbeitrag marginal ist, werden im ersten Schritt bewusst ausgeklammert. Die Identifikation der Kernprozesse ist keine technische Übung, sondern eine Führungsentscheidung. Auf Basis von Fallzahlen aus dem Controlling und der gemeinsamen Diskussion wird identifiziert, welche Abläufe die größte Ressourcenbindung verursachen und wo Effizienzgewinne tatsächlich spürbar wären. Im Personalbereich der Stadtverwaltung kristallisierten sich auf diese Weise vier Kernprozesse (inklusive Teilprozesse) heraus: Personalauswahlverfahren durchführen, Einstellung durchführen, Arbeitsunfähigkeit bearbeiten, Antrag auf Arbeitszeitveränderung bearbeiten. Auf diese Prozesse konzentrierten sich alle weiteren Schritte der Prozessoptimierung. Der Nutzen dieser Konzentration zeigt sich in zweierlei Hinsicht. Erstens wird Entlastung schnell spürbar, weil die Optimierung dort ansetzt, wo tatsächlich Ressourcen gebunden sind. Zweitens werden strukturelle Hindernisse frühzeitig sichtbar. Im beschriebenen Personalbereich wurde bereits bei der Analyse der ersten Kernprozesse erkennbar, dass eine ausgeprägte Führungsbeteiligung in den Abläufen eine zentrale Ursache für lange Durchlaufzeiten war. Diese Erkenntnis, früh gewonnen, ermöglichte es, einen Klärungsprozess anzustoßen, dessen Ergebnisse dann auf alle weiteren Kernprozesse angewendet werden konnten.

Wie schafft Rollenklarheit die Basis für schlanke Prozesse?

Die ausgeprägte Führungsbeteiligung, die sich im Personalbereich zeigte, war kein Einzelphänomen. Im Rahmen von Personalauswahlverfahren wurden alle Führungsebenen der Verwaltung entlang verschiedener Prozesspunkte beteiligt. Durch die noch analoge Prozessabwicklung führte dies zu enorm hohen Aufwänden und Liegezeiten der Vorgänge. Die negativen Konsequenzen waren dabei vielschichtig: Unzufriedene Fachführungskräfte, die schnell auf Nachbesetzung offener Stellen hofften, unzufriedene Bewerber:innen, die ohne Rückmeldung in langen Bewerbungsprozessen verharrten und unzufriedene Sachbearbeitungen im Personalbereich, die in ihrer Handlungsfähigkeit und Entscheidungskompetenz eingeschränkt wurden und von allen Seiten mit einem hohen Erwartungsdruck konfrontiert waren. Die hohe Führungsbeteiligung war dabei nicht aus fachlicher Notwendigkeit entstanden, sondern aus historisch gewachsenen Routinen und ungeklärten Zuständigkeiten.

Der Ansatz zur Veränderung setzte hier nicht bei einzelnen Prozessschritten an, sondern bei der Klärung von Rollen und Verantwortungsbereichen. Für die drei direkt involvierten Funktionen Amtsleitung, Sachgebietsleitung und Sachbearbeitung wurden im Rahmen des Projekts klare Rollen- und Aufgabenprofile definiert, die Führungsverantwortlichkeiten festlegten und Handlungsspielräume definierten.

Folgendes Rollenmodell wurde dabei erarbeitet, das in seinen Grundzügen auch auf andere Kommunalverwaltungen übertragbar ist: Die Amtsleitung trägt die strategische Verantwortung für die Weiterentwicklung des Amtes. Sie trifft Grundsatzentscheidungen, verantwortet die Ausrichtung des Bereichs an übergeordneten Verwaltungszielen und ist Prozesseigentümerin im Sinne der strategischen Steuerung. Die operative Beteiligung an Einzelvorgängen gehört nicht zu ihrem Aufgabenbereich. Die Sachgebietsleitung übernimmt die fachliche Steuerung innerhalb definierter Abläufe und Standards. Sie verantwortet die Qualität der Aufgabenerledigung, entwickelt Prozesse und Standards kontinuierlich weiter und ist Ansprechpartnerin für die Sachbearbeitung bei komplexen Fallkonstellationen. Ihre Funktion ist nicht die Freigabe von Routinevorgängen, sondern die Sicherstellung, dass der Rahmen stimmt, innerhalb dessen die Sachbearbeitung agiert. Die Sachbearbeitung führt die Aufgaben eigenverantwortlich innerhalb dieser definierten Abläufe und Standards aus. Sie ist Expertin für ihren Aufgabenbereich und trifft fachliche Entscheidungen selbstständig, soweit diese im definierten Rahmen liegen. Diese Rollenprofile wurden in einem nächsten Schritt auf alle Kernprozesse des Bereichs übertragen, um tatsächlich notwendige Führungsbeteiligung festzulegen und den Handlungsspielraum auf Sachbearbeitungsebene zu erhöhen. Für jeden Kernprozess wurde geprüft, an welchen Stellen Führungsbeteiligung tatsächlich erforderlich ist und wo sie entfallen kann. Im Personalbereich führte dies zu einer deutlichen Verschlankung aller Abläufe: Der Großteil der Vorgänge wird nun eigenverantwortlich von der Sachbearbeitung ausgeführt. Die Sachgebietsleitung wird nur noch bei definierten Fallkonstellationen eingebunden (z. B. bei der Einstellung von Führungspositionen ab einer definierten Ebene oder bei Abweichungen vom Standardverfahren). Die Amtsleitung ist aus der operativen Prozesssteuerung herausgenommen und wird nur noch bei klar definierten Ausnahmen durch die Sachgebietsleitung hinzugezogen. Diese spürbare Prozesserleichterung sowohl für die ausführende Sachbearbeitung als auch für alle weiteren Prozessbeteiligten war nur durch die vorgeschaltete Führungsentscheidung im Rahmen der Rollendefinition möglich, in der sich die zuständigen Führungskräfte für die Stärkung der Eigenverantwortung der Sachbearbeitung und gezielte Reduzierung der Führungsbeteiligung ausgesprochen haben.

Diese Verschiebung erfordert ein neues Führungsverständnis. Führung bedeutet in diesem Modell nicht mehr, jeden Vorgang freizugeben, sondern einen Rahmen zu schaffen, innerhalb dessen eigenverantwortlich gearbeitet werden kann. Steuerung erfolgt entlang von Prozessen und Qualitätsstandards, nicht entlang von Einzelvorgängen. Für Führungskräfte, deren Selbstverständnis bislang stark an der fachlichen Kontrolle einzelner Vorgänge ausgerichtet war, ist das eine inhaltlich anspruchsvolle Veränderung, die gleichzeitig unverzichtbar ist: Ohne Klarheit über Rollen und Verantwortung bleiben Prozesse strukturell komplex, weil die eigentliche Ursache der Komplexität unberührt bleibt.

Wie identifizieren wir Optimierungspotenziale systematisch?

Nachdem die Kernprozesse auf Führungsebene festgelegt wurden, beginnt die systematische Suche nach Prozessoptimierungen im direkten Austausch mit den zuständigen Führungskräften und Aufgabenträger:innen in moderierten Prozessworkshops. Die Prozessoptimierung zielt dabei nicht auf die formale Darstellung von Abläufen ab, sondern fokussiert die Suche nach jenen Prozesspunkten, an denen Reibung entsteht und Aufwände anfallen, die keinen Beitrag zur Aufgabenerfüllung leisten. In unseren Projekten nutzen wir dazu ein Instrument, das wir parallel zur Prozesserhebung einsetzen: Eine strukturierte Prozesskritik-Tabelle, die während der Workshops mitläuft und in der Optimierungs- und Digitalisierungspotenziale direkt im Gespräch erfasst werden. Entlang jedes Prozessschritts werden Optimierungspotenziale systematisch erfasst, wobei die Umsetzung der Potenziale direkt mitgedacht wird. Mit Führungskräften und Aufgabenträger:innen wird schon im Workshop diskutiert und erfasst, welcher Aufwand für die Umsetzung anfällt und wie Risiken, Kosten und Nutzen der Optimierung eingeschätzt werden. Durch die Erfassung dieser Daten kann die Umsetzung der Optimierungspotenziale systematisch vorgedacht werden. Niedrigschwellig umsetzbare Potenziale (»Quick Wins«) werden identifiziert und können unmittelbar umgesetzt werden, langfristig planbare Maßnahmen mit weiteren Prüferfordernissen werden ebenfalls festgehalten und die nächsten Umsetzungsschritte vorgeplant. Folgende Leitfragen begleiten die prozesskritische Betrachtung in den Workshops: Wo entstehen Medienbrüche, an denen Informationen manuell übertragen werden müssen? Wo gibt es Schnittstellen zu anderen Organisationseinheiten, die zu Abstimmungsaufwand führen? Werden Informationen korrekt und vollständig weitergegeben? Welche Entscheidungsschritte sind tatsächlich erforderlich, welche könnten entfallen oder vereinfacht werden? Und: Welche Schritte wären grundsätzlich geeignet, digital unterstützt oder automatisiert zu werden? Gibt es manuelle Tätigkeiten, die automatisiert werden könnten? Sind IT-Systeme sinnvoll miteinander verknüpft?

Der Mehrwert der Prozessmodellierung und Visualisierung eines Ablaufs liegt neben dem Beitrag zum Prozessmanagement in der Wirkung, die sie im Workshop erzielt. Das Prozessmodell macht sichtbar, was im Arbeitsalltag leicht untergeht. Strukturelle Muster, die sich über mehrere Schritte hinweg wiederholen, häufige Zuständigkeitswechsel als Ping-Pong-Spiel zwischen Schwimmbahnen (Zuständigkeiten werden in Prozessmodellen als sog. Schwimmbahnen dargestellt), ständige Schleifen von Vorgängen bei unklaren Zuständigkeiten. Häufig wird erst durch die Darstellung erkennbar, dass ein und dieselbe Information an drei verschiedenen Stellen erneut erfasst wird. Oder dass ein Freigabeschritt, der formal der Qualitätssicherung dient, in der Praxis routinemäßig ohne inhaltliche Prüfung durchlaufen wird. Diese Erkenntnisse liefern die Grundlage für konkrete Entscheidungen: Welche Schritte können gestrichen werden? Wo sollten Zuständigkeiten gebündelt sein? Welche Schnittstellen können reduziert werden? Welche Informationen braucht es in der Schnittstellenzusammenarbeit zwischen verschiedenen Akteuren?

Die Prozesskritik-Tabelle dient nach dem Workshop als Steuerungsinstrument: Die identifizierten Potenziale werden priorisiert, Zuständigkeiten für die Umsetzung festgelegt und der Fortschritt in Folgesitzungen durch die Führungskräfte nachgehalten. Prozessoptimierung bleibt damit kein einmaliges Ereignis in einem Workshop, sondern wird in einen kontinuierlichen Umsetzungsprozess eingebettet.

Wann und wie wird Digitalisierung zum Effizienzgewinn?

Die Prozesskritik-Tabelle erfasst parallel zu Optimierungspotenzialen auch Digitalisierungspotenziale. Dieser Zusammenhang ist kein Zufall, sondern Ausdruck einer zentralen Erkenntnis: Prozessoptimierung und Digitalisierung müssen gemeinsam und in einer klaren Abfolge gedacht werden. Digitalisierung setzt voraus, dass Abläufe vereinfacht und Entscheidungen über Standards getroffen sind. Erst dann kann Technik ihren Beitrag leisten. In der Praxis erleben wir regelmäßig das Gegenteil. Digitalisierungsprojekte werden gestartet, bevor die zugrundeliegenden Prozesse geklärt sind. Die bestehenden Abläufe werden digital abgebildet – inklusive aller Sonderfälle, historisch gewachsener Regelungen und ungeklärten Zuständigkeiten. Das Ergebnis sind Systeme, die technisch funktionieren, aber die Komplexität des Bisherigen in die digitale Welt übertragen und damit fortschreiben.

Anknüpfend an das anfangs eingeführte Beispiel des Personalbereichs der Stadtverwaltung war diese Tendenz ebenfalls beobachtbar. Die Einführung einer Software zur digitalen Umsetzung des Bewerbungsmanagements hat den ineffizienten Ablauf der Stellenausschreibung digital abgebildet, ohne die hohe Führungsbeteiligung vorab kritisch zu hinterfragen. Das Ergebnis war ein digitaler Prozess, der die vorher notwendigen zeitlichen Ressourcen zum Ausdrucken und für den Postumlauf einsparte, nicht jedoch die zugrundeliegenden Ineffizienzen auf der strukturellen Ebene adressierte. In einem Personalauswahlverfahren, das bereits auf der Grundlage klarer Rollenprofile vereinfacht wurde, kann ein digitaler Workflow die verbleibenden Abstimmungsschritte effizient unterstützen: Unterlagen werden strukturiert übermittelt, Rückmeldungen terminiert, Freigaben dort eingeholt, wo sie inhaltlich begründet sind. Der Workflow verschlankt dabei nicht den Prozess selbst, aber er stabilisiert und beschleunigt das, was nach der strukturellen Vereinfachung übriggeblieben ist. Automatisierung kann dort entlasten, wo Abläufe vollständig strukturiert und ohne menschliche Urteilskraft abgewickelt werden können. Die abschließende Erstellung von Bescheiden oder die Rechnungsbearbeitung sind klassische Beispiele: Es ist klar definierbar, welche Daten in welcher Form aus welcher Quelle in welches Dokument eingefügt werden sollen. Der

Prozessschritt selbst erfordert keine inhaltliche Entscheidung. Unter dieser Voraussetzung entlastet Automatisierung die Sachbearbeitung von händischen, administrativen Tätigkeiten und schafft Kapazität für Aufgaben, die tatsächlich fachliches Urteil erfordern.

Für die Identifikation automatisierungsfähiger Teilprozesse empfiehlt sich eine selektive Betrachtung entlang zweier Kriterien: hohes Aufkommen und geringes Entscheidungsrisiko. Prozessschritte, die häufig durchlaufen werden, klar regelbar sind und bei Fehlern leicht korrigiert werden können (oder nur geringe Risiken aufweisen), eignen sich für eine schrittweise Automatisierung. Komplexe Prüfvorgänge und Teilprozesse mit Entscheidungs- und Ermessensspielraum bleiben in menschlicher Verantwortung. Die Automatisierung administrativer, niedrigschwelliger Tätigkeiten hat somit das Potenzial, Ressourcen bei hochqualifizierten Sachbearbeitungen für die tatsächlich relevanten Kernaufgaben ihrer Tätigkeitsbereiche freizusetzen.

Wie kann Prozessoptimierung und Digitalisierung zur langfristigen Zukunftsfähigkeit beitragen?

Die bisherigen Ausführungen zu Prozessoptimierung und Digitalisierung vollziehen sich oft in einzelnen Organisationseinheiten von Kommunalverwaltungen. Auch unsere Projekte sind zum Teil auf einzelne Bereiche beschränkt, wobei oftmals strukturelle Ursachen für Ineffizienzen deutlich werden, die eine organisationsübergreifende Vorgehensweise notwendig erscheinen lassen. Nachhaltige Effizienz entsteht nicht durch einzelne Projekte, sondern durch eine Steuerungslogik, die dauerhaft verankert ist. Zwei Dinge sind dazu erforderlich:

1. Es braucht klar verortete Verantwortlichkeiten auf den Führungsebenen zur kontinuierlichen Prozessoptimierung in Organisationseinheiten. Die strategischen Entscheidungen zu Priorisierung und aufgabenkritischer Betrachtung von Aufgabenportfolios sollten dabei in der Verantwortlichkeit der mittleren Managementebene (d. h. Fachbereichsleitungen, Amtsleitungen o. Ä.) verankert sein. Auf Basis strategischer Schwerpunktsetzungen gilt es, die Aufgabenprofile von Organisationseinheiten unter veränderten Rahmenbedingungen regelmäßig zu überprüfen, Kernaufgaben mit hoher Relevanz festzulegen und Zielvorgaben für deren Umsetzung zu definieren. Die Übersetzung dieser Zielvorgaben durch kontinuierliche Prozessoptimierung in den operativen Kernprozessen ist wiederum als feste Steuerungsaufgabe auf der fachlichen Führungsebene zu verankern. Die Sachgebietsleitung (oder Abteilungsleitung, Fachgebietsleitung o. Ä.) ist in diesem Modell nicht nur fachliche Sparringpartnerin der Sachbearbeitung, sondern auch verantwortlich für die kontinuierliche Weiterentwicklung der eigenen Ablauforganisation. Sie steuert entlang von Prozessen, überprüft regelmäßig, ob Standards noch angemessen sind, und entwickelt Abläufe weiter, wenn sich Rahmenbedingungen verändern.
2. Diese dezentrale Prozessverantwortung in den Fachbereichen braucht eine zentrale Koordination, die eine übergreifende Steuerung ermöglicht und Effizienzgewinne

einzelner Bereiche in eine organisationsübergreifende Strategie einbettet. Dabei wird die strategische Relevanz der Querschnittsbereiche Organisation und Digitalisierung deutlich, die als strategische Partner der Verwaltungsleitungen agieren müssen, um Verwaltungen dauerhaft zukunftsfähig weiterzuentwickeln. Bei der Entwicklung und Umsetzung verwaltungsweiter Strategien für Digitalisierung und Effizienzgewinn gilt es dabei, die dezentrale Prozessverantwortung der Fachführungskräfte mit der zentralen Steuerung im Querschnittsbereich zu kombinieren. Die Fachbereiche bringen dabei ihre fachlichen Anforderungen in Effizienzprojekte ein und tragen die inhaltliche Verantwortung für die in ihrem Bereich getroffenen Entscheidungen. Die Querschnittsbereiche stellen wiederum Projektsteuerung, Methoden und technische Infrastruktur bereit.

Dieses Modell greift den Kerngedanken der Verwaltungseffizienz-Analyse (VEA) auf: Führungsentscheidungen können nicht stellvertretend getroffen werden. Die Entscheidungen über Aufgaben, Standards und Prozesse müssen in den Bereichen fallen, in denen sie wirksam werden sollen. Zentrale Steuerung und Unterstützung kann methodische Klarheit schaffen und Kapazitäten bündeln, jedoch keine fachliche Verantwortung ersetzen. Nur wenn beide Ebenen ihre Rolle konsequent wahrnehmen, entsteht eine Steuerungslogik, die Effizienz nicht als Projekt behandelt, sondern als kontinuierliche Organisationsentwicklung.

Dieser Beitrag hat versucht zu zeigen, wie die VEA in der Praxis umgesetzt werden kann. Nicht als abstrakte Methodik, sondern als konkretes Vorgehen, das mit einer klaren Fokussierung auf Kernprozesse beginnt, Rollenklarheit als Voraussetzung für schlanke Abläufe versteht, Optimierungspotenziale systematisch erfasst und Digitalisierung dort einsetzt, wo sie tatsächlich entlastet. Das eigentliche Hindernis in Effizienzprojekten ist selten methodischer Natur. Es ist die fehlende Bereitschaft, unbequeme Fragen früh zu stellen. Welche Aufgaben rechtfertigen welchen Aufwand? Wo ist Führungsbeteiligung wirklich erforderlich? Was soll digitalisiert werden, und warum? Diese Fragen haben keine technischen Antworten. Sie erfordern Entscheidungen, die Führung treffen muss. Verwaltungen, die bereit sind, diese Entscheidungen zu treffen, bevor sie optimieren und digitalisieren, gewinnen nicht nur Effizienz. Sie gewinnen Steuerungsfähigkeit. Und das ist der dauerhaft wirksame Unterschied.

Evanthia Lilli, Mitglied der Geschäftsleitung, GfV – Gesellschaft für Verwaltungsberatung mbH

Arbeitsfragen

- Welche Elemente des beschriebenen Vorgehens wären bei uns unmittelbar anwendbar?
- Wo würden wir im eigenen Kontext anders vorgehen müssen, und warum?
- Welche Erfolgsfaktoren erscheinen uns besonders relevant für unsere Organisation?
- Welche Stolpersteine aus dem Praxisbeitrag kennen wir aus eigenen Erfahrungen?

5.6 Praxisbeitrag: Tools zur Prozessoptimierung

Die öffentliche Verwaltung befindet sich in einem tiefgreifenden Wandel. Angesichts der Anforderungen des Onlinezugangsgesetzes, des strukturellen Fachkräftemangels und der steigenden Erwartungen der Bürgerinnen und Bürger rückt eine zentrale Frage in den Fokus: Wie können Verwaltungsleistungen effizient, verlässlich und zukunftsfähig erbracht werden, wenn die Ressourcen knapp sind? Klar ist: Effizienz entsteht nicht allein durch neue Technik oder Umstrukturierungen. Es braucht ein grundlegendes Verständnis darüber, wie Verwaltung arbeitet und wie sie arbeiten will. Hier setzt Prozessmanagement an: Es schafft einen methodischen Rahmen für kontinuierliche Dokumentation, Verbesserung und Steuerung.

Prozesse als DNA der Verwaltungsarbeit

Von A wie Abfalltonne bis Z wie Zulassung bilden Prozesse die DNA jeder Verwaltung. Sie regeln, wie Leistungen erbracht, Entscheidungen getroffen und interne Abstimmungen organisiert werden. In vielen Behörden ist das Wissen über diese Abläufe über Jahre organisch gewachsen – häufig informell, personenabhängig und kaum dokumentiert.

Eine mangelhafte Prozessdokumentation hat zahlreiche Folgen:

- Medienbrüche und Ineffizienzen bleiben verborgen,
- Zuständigkeiten sind unklar,
- Wissen geht verloren,
- neue Mitarbeitende brauchen lange zur Einarbeitung.

Das Bewusstsein für die Relevanz von Prozessen ist vielerorts bereits vorhanden. Häufig jedoch werden Abläufe mit organisatorischen Mängeln digitalisiert, ohne sie zuvor betrachtet und optimiert zu haben. Auch ein alleiniger Fokus auf die Bürgerseite kann negative Folgen haben: Wenn die Prozesse im Backoffice nicht funktionieren, stehen Effizienzsteigerung und Digitalisierung auf einer instabilen Basis. Eine sorgfältige Ende-zu-Ende-Betrachtung der Prozesse ist daher essenziell.

Strukturiertes Prozessmanagement setzt genau hier an: Gut dokumentierte Prozesse machen Abläufe sichtbar, decken Medienbrüche und Ineffizienzen auf, identifizieren Potenziale und verschlanken Abläufe. Bereits mittelfristig sparen Verwaltungen so Zeit, Geld und Personalressourcen, entlasten Mitarbeitende und verbessern die Dienstleistungsqualität sowie die Arbeitgeberattraktivität. Zugleich stärkt systematisches Prozessmanagement den Dialog zwischen Fachbereichen, Organisationseinheiten und Führung: Aus klar definierten Abläufen entsteht eine gemeinsame Arbeitsgrundlage.

Know-how sichern: Prozessmanagement als Wissensmanagement

Eine der größten Herausforderungen der Verwaltung ist der demografische Wandel und der damit verbundene Fachkräftemangel. Oft besteht eine hohe Abhängigkeit von einzelnen Schlüsselpersonen. Wenn langjährige Mitarbeitende die Organisation verlassen, droht der Verlust essenziellen Wissens. Wirksames Wissensmanagement sichert dieses Wissen und hält es verfügbar. Systematisches Prozessmanagement leistet dazu einen zentralen Beitrag: Verlässliche Prozessdokumentation fungiert als kollektives Gedächtnis. Sie erleichtert Einarbeitungen, wahrt Kontinuität und erhält die Handlungsfähigkeit – auch wenn Wissensträgerinnen und Wissensträger ausscheiden. So wird Prozessmanagement zum Werkzeug gegen die demografischen Herausforderungen in der Verwaltung.

Professionelle Prozessmanagement-Tools: Systematik mit Praxisbezug
Ein wichtiger Erfolgsfaktor für Prozessmanagement ist die Wahl des passenden Werkzeugs. Viele Verwaltungen beginnen mit Stift und Papier oder mit Malwerkzeugen wie Microsoft Visio. Sobald das Prozessmanagement an Tiefe gewinnt, stoßen diese Ansätze jedoch an Grenzen. Hochkomplexe Tools ohne Branchenfokus sind ebenso wenig zielführend, da sie oft schwer bedienbar sind und in der öffentlichen Verwaltung umfangreiche Anpassungen erfordern. Ein Tool, das auf einen Mittelweg zielt, ist die PICTURE-Prozessplattform: Sie ist spezifisch genug für eine tiefgreifende Prozessdokumentation und zugleich handhabbar für den Alltag, indem intuitive Bedienbarkeit mit methodischer Klarheit und technischer Unterstützung verbunden wird. Die Plattform wurde speziell für die Anforderungen der öffentlichen Verwaltung entwickelt und unterstützt dabei, Prozessmanagement schrittweise in der Organisation zu verankern. Herzstück ist die Modellierungssprache PICTURE-BPMN, die den internationalen Standard BPMN 2.0 mit der PICTURE-Methode kombiniert. Die Methode basiert auf 24 Bausteinen, die typische Verwaltungshandlungen abbilden – vom formellen Prüfen eines Antrags bis zur Bescheiderstellung. Dies ermöglicht eine intuitive und strukturierte Modellierung.

Neben PICTURE-BPMN stehen weitere Notationen zur Verfügung:
- PICTURE-Classic für eine geführte, einheitliche Modellierung im Regelbetrieb,
- BPMN 2.0 für komplexe Prozesse mit hohem Detaillierungsgrad,
- FIM-BPMN zur föderal anschlussfähigen Darstellung von Prozessen.

Erfolg durch Standards, Akzeptanz und Beteiligung
Für ein nachhaltig erfolgreiches Prozessmanagement ist es entscheidend, dass es im Haus akzeptiert und verstanden wird. Besonders häufig werden dafür drei Faktoren genannt: Akzeptanz bei Mitarbeitenden, Rückhalt der Führung und methodische Klarheit (vgl. Studie »Prozessmanagement in der öffentlichen Verwaltung«, Institut für Wirtschaftsinformatik Münster, 2021, S. 15).

Die PICTURE-Prozessplattform unterstützt dies durch:

- eine einfache, verständliche Modellierungsmethode, zugeschnitten auf die öffentliche Verwaltung,
- niedrigschwellige Einstiegsmöglichkeiten für Einsteigerinnen und Einsteiger,
- KI-Assistenten für die schnellere Prozessdokumentation,
- klare Rollen- und Rechtekonzepte für die Organisation und
- umfangreiche Schulungs- und Qualifizierungsangebote für Prozessverantwortliche.

Dabei wird kein reines Top-down-Modell angestrebt, sondern es entsteht eine strukturierte Architektur, in der Prozessmanagement-Verantwortliche, Fachabteilungen und Führungskräfte zusammenarbeiten können.

Flächendeckendes Prozessmanagement: die lernende Organisation

Ist eine breite Akzeptanz gegeben, liegt die wichtigste Grundlage für ein organisationsweit verankertes, flächendeckendes Prozessmanagement vor. Eine Prozessmanagement-Einführung ist kein punktuelles Projekt, sondern ein kultureller Wandel. Zur lernenden Organisation wird die Verwaltung, wenn Prozesswissen nicht nur erhoben, sondern auch systematisch gepflegt, genutzt und geteilt wird.

Ein strukturiertes Prozessmanagement mit der PICTURE-Prozessplattform kann diesen Wandel in mehrfacher Hinsicht unterstützen:

- Sie macht Prozesse zugänglich und nachvollziehbar – auch für neue Mitarbeitende oder Vertretungen.
- Sie unterstützt Führungskräfte bei der Steuerung – durch Auswertungen, Visualisierungen und Zuständigkeiten.
- Sie ermöglicht die Integration angrenzender Themen wie Formular- und Antragsmanagement.

So wird Prozessmanagement über Zuständigkeitsgrenzen hinweg zum verbindenden Element zwischen operativer Praxis und strategischer Steuerung.

Prozessmanagement als Hebel für strategische Steuerung

Effizienz bedeutet heute weit mehr als »schneller« oder »günstiger«. Sie bedeutet vor allem, handlungsfähig zu bleiben. Angesichts wachsender Aufgaben, zunehmender Komplexität und demografischer Herausforderungen ist Selbststeuerung essenziell. Prozessmanagement kann hier als Führungsinstrument dienen und die Verwaltungsarbeit aktiv mitgestalten. Die Analyse- und Auswertungsfunktionen in professionellen Tools wie z. B. der PICTURE-Prozessplattform ermöglichen es, Prozesse nicht nur zu dokumentieren, sondern als steuerungsrelevante Informationen zu verstehen. Auf Grundlage der Prozesse lassen sich Kennzahlen und Personalkapazitätsbedarfe ermitteln sowie Verantwortlichkeiten abbilden. Verantwortlichkeiten werden sichtbar,

Schnittstellen erkennbar und Ressourceneinsätze nachvollziehbar. Komplexität wird strukturiert, Transparenz und Orientierung entstehen.

Davon profitieren insbesondere Führungskräfte:
- Sie erkennen frühzeitig strukturelle Engpässe,
- stützen Projekte auf verlässliche Prozessdaten,
- gewinnen ein gemeinsames Vokabular für Veränderungsvorhaben und
- behalten auch bei Fluktuation oder Reorganisation den Überblick.

Wer Prozessmanagement aktiv nutzt, gewinnt nicht nur Klarheit über das Heute, sondern schafft die Grundlage, das Morgen vorausschauend und bewusst zu gestalten.

Wissen teilen, gemeinsam wachsen: Kooperation im Prozessnetzwerk
Eine Facette von Effizienz ist, das Rad nicht neu zu erfinden. Viele Prozesse laufen in nahezu allen Verwaltungen ähnlich ab. Die Nachnutzung bereits dokumentierter und optimierter Abläufe verspricht daher hohe Effizienzgewinne. Mit Prozessnetzwerken ist genau das möglich: Im deutschlandweit größten Prozessnetzwerk für die öffentliche Verwaltung, PICTURE improve, stehen den Mitgliedern zum Beispiel über 2.300 Prozessmodelle aus der Verwaltungspraxis zur Verfügung. Teilnehmende Organisationen können eigene Prozesse in der gemeinsamen Bibliothek teilen und vom Erfahrungsschatz anderer profitieren. Durch die Wiederverwendung qualitätsgesicherter Prozessbeschreibungen sparen sie Zeit und gewinnen Impulse für eigene Optimierungsvorhaben. Darüber hinaus bieten Prozessnetzwerke Raum für fachlichen Austausch: Von Modellierungsfragen bis zu Steuerungsansätzen können sich Verwaltungen mit gleichgesinnten anderen Organisationen vernetzen. So fördert das »Netzwerken« den Austausch auf Augenhöhe und treibt die Modernisierung über Organisationsgrenzen hinweg voran.

Fazit: Prozessmanagement als Haltung – nicht nur als Methode
Verwaltungen, die heute in strukturiertes Prozessmanagement investieren, sichern ihre Handlungsfähigkeit für künftige Aufgaben. Effizienzgewinne beruhen auf Transparenz, Standardisierung, Wiederholbarkeit und konsequenter Verbesserung. Pauschale Kürzungen oder reine Beschleunigung entfalten dagegen selten dauerhafte Wirkung. Die PICTURE-Prozessplattform stellt dafür eine verwaltungsspezifische Arbeitsumgebung bereit. Eine einheitliche Modellierung sowie zielgerichtete Analysen schaffen Klarheit über Ineffizienzen, Medienbrüche und Optimierungspotenziale. Auf dieser Grundlage werden Entscheidungen nachvollziehbar und überprüfbar. Wirksame Prozessgestaltung beruht nicht auf Bauchgefühl, sondern auf klarer Methode und verlässlichen Daten. So wird Prozessmanagement Schritt für Schritt zum festen Bestandteil der Organisation und zum wirksamen Werkzeug, um den Herausforderungen rund um Arbeitsverdichtung, demografischen Wandel und Digitalisierungsdruck zu begegnen.

Dr. Lars Algermissen, Geschäftsführer PICTURE GmbH

Arbeitsfragen

- Wo könnte eine Prozessplattform bei uns Transparenz schaffen, ohne neue Komplexität zu erzeugen?
- Welche Voraussetzungen müssten erfüllt sein, damit ein solches Tool sinnvoll eingesetzt werden kann?
- Wo besteht die Gefahr, dass ein Tool fachliche Entscheidungen ersetzt?
- Welche Rolle sollte Technik in unserer Prozessarbeit realistisch spielen?

Leitgedanken zum Kapitel

- Prozesse sind Mittel zum Zweck, nicht der Zweck selbst.
- Prozessoptimierung ohne Zweckkritik verstetigt Komplexität.
- Entlastung entsteht durch Vereinfachung, nicht Vollmodellierung.
- Prozesse werden nicht besser, weil sie beschrieben sind, sondern weil Entscheidungen getroffen werden.

6 Analyseperspektive: Automatisierung und Digitalisierung

Kapitel 6 beschreibt die dritte Analyseperspektive der Verwaltungseffizienzanalyse (VEA) und schließt die methodische Abfolge ab. Es setzt dort an, wo in vielen Verwaltungen der Einstieg in Effizienzdebatten erfolgt, und ordnet diesen Zugang bewusst neu ein. Automatisierung und Digitalisierung werden hier nicht als Treiber, sondern als nachgelagerte Verstärker verstanden, deren Wirkung maßgeblich von vorhergehenden Entscheidungen abhängt. Die Funktion dieses Kapitels besteht darin, Technik aus der Rolle des Heilsversprechens zu lösen und sie konsequent in den Dienst der Steuerungslogik zu stellen. Das Kapitel macht deutlich, dass Automatisierung und Digitalisierung keine strukturellen Probleme lösen, sondern bestehende Strukturen verstärken, im Guten wie im Schlechten. Ohne vorgelagerte Aufgabenkritik und zweckorientierte Prozessoptimierung bleibt Technik wirkungslos oder verschärft möglicherweise sogar die bestehende Überlastung. Zugleich leistet das Kapitel eine wichtige Abgrenzung, indem es zeigt, was Digitalisierung nicht leisten soll und wo ihr Einsatz bewusst begrenzt werden muss. Damit schützt es vor überhöhten Erwartungen, langlaufenden Großprojekten und technikgetriebenem Aktionismus. Automatisierung wird nicht als Selbstzweck verstanden, sondern als gezieltes Mittel zur Entlastung, dort, wo Aufgaben klar definiert, Prozesse vereinfacht und Standards bewusst gesetzt sind. Im Aufbau des Buches markiert Kapitel 6 damit den Abschluss der Effizienzanalyse. Es schafft die Voraussetzung dafür, Effizienz nicht nur punktuell zu steigern, sondern dauerhaft als Steuerungslogik in der Verwaltung zu verankern. Die darauffolgenden Kapitel wenden sich deshalb nicht mehr einzelnen Methoden zu, sondern der Frage, wie diese Logik organisationsweit umgesetzt, gesteuert und durchgehalten werden kann.

6.1 Warum Digitalisierung allein selten entlastet

Digitalisierung gilt seit Jahren als zentrale Antwort auf die Überforderung der Verwaltung. Hohe Erwartungen begleiten nahezu jedes neue Fachverfahren, jede Plattform und jedes Digitalisierungsprogramm. Prozesse sollen über die Digitalisierung schneller, Mitarbeitende entlastet und Ressourcen eingespart werden. In der Praxis bleibt diese Entlastung jedoch häufig aus. Trotz erheblicher Investitionen verändert sich der Arbeitsalltag der Mitarbeitenden in vielen Verwaltungen kaum spürbar. Die Belastung bleibt hoch und die Komplexität setzt sich fort. Diese Diskrepanz verweist auf ein grundlegendes Missverständnis darüber, was Digitalisierung zu leisten imstande ist und was nicht. Digitalisierung wird häufig, wie auch die Prozessoptimierung, als eigener Effizienzhebel verstanden. Technik soll in diesem Fall Probleme lösen, die in Wahrheit nicht technischer Natur sind. Unklare Aufgaben, überhöhte Standards und komplexe

Prozesse werden in der Folge digital abgebildet, ohne zuvor hinterfragt worden zu sein. Die Technik übernimmt damit eine Logik, die bereits im Analogen überfordert hat.

> *Ein zentrales Problem liegt in der Erwartung, Digitalisierung könne Komplexität reduzieren, ohne dass diese zuvor organisatorisch bearbeitet werden müsse. So werden bestehende Abläufe eins zu eins in das Digitale übertragen, ergänzt um zusätzliche Dokumentations- und Prüfschritte. Sonderfälle werden systematisch berücksichtigt, Ausnahmen technisch abgebildet. Das Ergebnis sind digitale Systeme, die zwar modern wirken, aber kaum einfacher zu bedienen sind als ihre analogen Vorgänger.*

Hinzu kommt, dass Digitalisierung häufig als sichtbares Zeichen von Fortschritt verstanden wird. Neue Systeme lassen sich gut politisch kommunizieren, Projektmeilensteine präsentieren, Erfolge darstellen. Ob diese Systeme tatsächlich zur strukturellen Entlastung beitragen, tritt dabei in den Hintergrund. Digitalisierung wird damit zum Symbol für Handlungsfähigkeit, nicht zum Instrument wirksamer Steuerung.

Ein weiteres Missverständnis besteht in der Gleichsetzung von Digitalisierung und Automatisierung. Nicht jede digitale Lösung automatisiert Arbeitsschritte. Viele Anwendungen verlagern Tätigkeiten lediglich vom Papier auf den Bildschirm, ohne den Arbeitsaufwand zu reduzieren. Vielmehr erhöhen zusätzliche Dokumentationspflichten, Prüfmechanismen und Eingabemasken den Arbeitsaufwand noch. Zwar entsteht am Ende möglicherweise ein medienbruchfreier Prozessablauf, die Effizienzgewinne bei dieser Vorgehensweise der Digitalisierung bleiben jedoch aus, obwohl Prozesse schlussendlich formal digital sind. Diese Erfahrungen führen in vielen Verwaltungen zu Ernüchterung. Digitalisierung wird als teuer, aufwendig und wenig wirksam wahrgenommen. Gleichzeitig bleibt der Druck hoch, weiter zu digitalisieren. Es entsteht ein Teufelskreis, in dem immer neue technische Lösungen bestehende Defizite ausgleichen sollen, die jedoch durch die fehlende Klarheit auf Aufgaben- und Prozessebene verursacht wurden. Damit bleiben die eigentlichen Ursachen für Überforderung unangetastet.

Die Verwaltungseffizienz-Analyse (VEA) hilft, diese Dynamik zu ordnen, indem sie verdeutlicht, dass Digitalisierung nicht am Anfang, sondern am Ende eines Klärungsprozesses steht. Technik kann nur dort entlasten, wo Aufgaben priorisiert, Standards reduziert und Prozesse vereinfacht wurden. Wird diese Reihenfolge über eine vermeintlich attraktive Abkürzung namens Digitalisierung missachtet, verstärkt letztere bestehende Ineffizienzen und skaliert die Probleme, anstatt sie zu lösen. Entscheidend ist daher nicht die Frage, ob digitalisiert wird, sondern was digitalisiert wird. Digitalisierung ohne vorgelagerte Entscheidungen ist kein Effizienzprojekt, sondern ein Verstärker bestehender Strukturen und Ineffizienzen. Sie erhöht die Geschwindigkeit, mit der eine überfordernde Logik wirkt. Nachhaltige Entlastung für die Verwaltung entsteht bei diesem Vorgehen nicht. Die Erkenntnis, dass Digitalisierung selten entlastet, ist kein Plädoyer gegen Technik. Sie ist eine Einladung zur Nüchternheit. Digitalisierung ist ohne Zweifel ein mächtiges Instrument für mehr Effizienz, aber nur unter klaren Voraussetzungen. Diese Voraussetzungen liegen nicht in der IT, sondern in der Organisation selbst. Erst wenn diese Voraussetzungen adressiert und geschaffen wurden kann Technik ihre entlastende Wirkung entfalten. Damit ist die zentrale Weichenstellung für dieses Kapitel vorgenommen. Digitalisierung wird nicht als Heilsversprechen behandelt, sondern als nachgelagerte Konsequenz guter Entscheidungen. Was das konkret bedeutet und warum Automatisierung keine Strategie, sondern eine Folge ist, ist Gegenstand des nächsten Teils.

Reflexionsfragen

- Welche konkreten Erwartungen haben wir in der Vergangenheit mit Digitalisierungsprojekten verbunden?
- Wo ist die erhoffte Entlastung ausgeblieben und wie haben wir das erklärt?
- Welche digitalen Lösungen haben den Arbeitsaufwand eher verlagert als reduziert?
- Wo nutzen wir Digitalisierung als sichtbares Zeichen von Fortschritt, ohne ihre tatsächliche Wirkung zu prüfen?

6.2 Automatisierung als Konsequenz von Aufgabenpriorisierung und Prozessoptimierung

Automatisierung wird in vielen Verwaltungen als strategisches Ziel formuliert. Prozesse sollen automatisiert, Bearbeitungszeiten reduziert und personelle Ressourcen eingespart werden. Diese Zielsetzung ist nachvollziehbar, verkennt jedoch einen zentralen Punkt, und zwar, dass Automatisierung kein Ausgangspunkt, sondern das Ergebnis von vorgelagerten Entscheidungen ist. Sie beantwortet nicht die Frage, was getan werden soll, sondern setzt voraus, dass diese Frage bereits geklärt ist. In der Praxis wird diese Logik jedoch häufig umgekehrt, indem Automatisierung frühzeitig in den Blick genommen wird, weil sie als greifbar, technisch lösbar und politisch anschlussfähig gilt. Die Erwartung lautet, dass Technik Komplexität beherrschbar macht. Tatsächlich verstärkt Automatisierung jedoch genau das, was ihr zugrunde liegt. Sie skaliert Abläufe, Standards und Entscheidungen, unabhängig davon, ob diese sinnvoll sind oder nicht. Automatisierung folgt damit einer einfachen Regel: Was nicht klar, einfach und stabil ist, lässt sich nicht sinnvoll automatisieren. Wo Aufgaben unklar, Standards überhöht oder Prozesse komplex sind, wird Automatisierung zum Risiko, indem sie bestehende Probleme technisch festschreibt und sie damit schwieriger korrigierbar macht. Jede spätere Änderung wird aufwendiger, jeder Fehler systematisch wirksam.

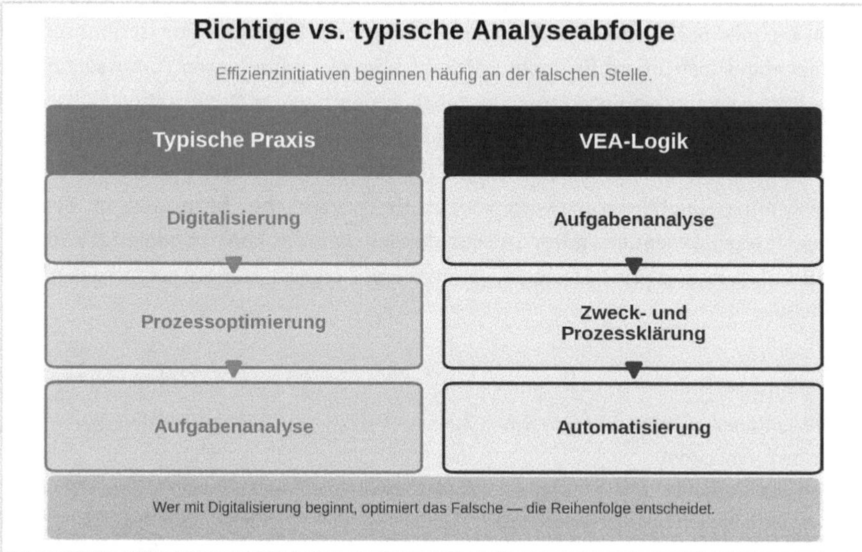

Abb. 5: Richtige versus typische Analyseabfolge

Ein häufiger Irrtum besteht darin, Automatisierung mit Innovation gleichzusetzen. Automatisierte Abläufe gelten als modern, unabhängig davon, ob sie tatsächlich entlasten. Dieser Innovationsbegriff ist oberflächlich, weil Innovation im Sinne von Effizienz nicht durch Technik entsteht, sondern durch Vereinfachung. Automatisierung kann diese Vereinfachung verstärken, aber nicht ersetzen. Ebenso problematisch ist die Vorstellung, Automatisierung könne als Abkürzung dienen, indem sie die Ausdifferenzierung von Standards und Vereinfachung von Prozessen durch den Einsatz von Technik überflüssig macht. Diese Hoffnung wird regelmäßig enttäuscht, da Automatisierung ohne vorgelagerte Vereinfachung zu technisch komplexen Lösungen führt, die einen hohen Pflegeaufwand verursachen und kaum Spielräume eröffnen. In der VEA ist Automatisierung daher bewusst an letzter Stelle verortet. Sie setzt voraus, dass entschieden wurde, welche Aufgaben relevant sind, mit welchem Anspruch sie bearbeitet werden und wie ihre Abläufe sinnvoll gestaltet sind. Erst dann stellt sich die Frage, welche Teile dieser Abläufe sich standardisieren und automatisieren lassen.

> *Automatisierung ist keine eigenständige Effizienzstrategie, sondern die konsequente Fortsetzung einer bereits getroffenen Entscheidung. Diese Einordnung hat praktische Konsequenzen, weil sich Automatisierung vor allem für Tätigkeiten mit einem hohen Volumen, klaren Regeln und geringem Ausnahmenrisiko eignet.*

Automatisierung ist insbesondere dort wirksam, wo Standards bewusst reduziert und akzeptiert wurden. Aufgaben mit hohem Wirkbeitrag und hoher Komplexität entziehen sich hingehen weitgehend der Automatisierung. Der Versuch, sie dennoch zu automatisieren, führt zu Überregulierung und Qualitätsverlusten. Automatisierung verlangt daher Disziplin, indem nicht alles, was technisch möglich ist, auch automatisiert werden sollte. Effizienz entsteht nicht durch maximale Technikausnutzung, sondern durch ihren selektiven Einsatz. Diese Selektion ist keine technische, sondern eine strategische Entscheidung, die den Leistungsumfang der Verwaltung und ihre Prioritäten betrifft. Automatisierung ist also kein Ausdruck von Gestaltungswillen, sondern von Klarheit. Sie zeigt, dass vorgelagerte Entscheidungen getroffen und akzeptiert wurden. Wo diese Klarheit fehlt, bleibt Automatisierung im besten Fall wirkungslos und im schlechtesten Fall schadet sie. Technik kann Entscheidungen nicht ersetzen, sondern macht diese sicher und schreibt sie auf Dauer fort. Im nächsten Schritt ist daher zu klären, unter welchen organisatorischen Voraussetzungen Automatisierung tatsächlich sinnvoll ist. Diese Voraussetzungen liegen nicht in der IT-Landschaft, sondern in der Art und Weise, wie Aufgaben, Standards und Prozesse gestaltet sind. Genau darauf fokussiert der folgende Teil.

Reflexionsfragen

- Wo behandeln wir Automatisierung implizit als Lösung für ungelöste fachliche oder organisatorische Fragen?
- Welche Entscheidungen über Aufgaben, Standards oder Prozesse haben wir an technische Lösungen delegiert?
- Wo erwarten wir von Automatisierung Effekte, die eigentlich vorgelagerte Klarheit erfordern würden?
- Woran würden wir erkennen, dass Automatisierung bei uns eher Symptome kaschiert als Ursachen adressiert?

6.3 Voraussetzungen für sinnvolle Automatisierung

Automatisierung entfaltet ihre Wirkung nicht durch technische Leistungsfähigkeit, sondern durch organisatorische Klarheit. Sie ist kein Reparaturinstrument für ungeklärte Aufgaben, widersprüchliche Standards oder komplexe Prozesse, vielmehr macht sie sichtbar, wo diese Unklarheiten bestehen, und verstärkt ihre Folgen. Wer automatisieren will, muss daher zuerst prüfen, ob die Voraussetzungen dafür gegeben sind. Eine zentrale Voraussetzung dafür ist die Klarheit über die Standards.

> *Automatisierung setzt voraus, dass eindeutig festgelegt ist, wie ein Vorgang im Regelfall bearbeitet werden soll. Wo Standards uneindeutig, widersprüchlich oder implizit sind, entsteht kein stabiler Automatisierungsansatz. Technik benötigt klare Regeln, wenn diese fehlen, wird Automatisierung entweder unmöglich oder führt zu überkomplexen Lösungen, die mehr Pflegeaufwand erzeugen als Entlastung.*

Eng damit verbunden ist die Begrenzung von Ausnahmen, insbesondere weil sich viele Verwaltungsaufgaben heute durch eine ausgeprägte Ausnahmeorientierung auszeichnen. Sonderfälle werden nicht als Abweichung, sondern als gleichwertiger Bestandteil des Regelfalls behandelt. Automatisierung kann mit dieser Logik nicht sinnvoll umgehen. Sie verlangt eine bewusste Entscheidung darüber, was als Regelfall gilt und wie mit Abweichungen umgegangen wird. Effizienz entsteht nicht dadurch, jede Ausnahme technisch abzubilden, sondern durch die Akzeptanz, dass Ausnahmen gesondert behandelt werden müssen.

Eine weitere Voraussetzung ist die Vereinfachung von Prozessen. Automatisierung ist kein Mittel zur Beherrschung komplexer Abläufe, sondern sie setzt voraus, dass Prozesse bereits auf den Kern reduziert wurden. Jeder zusätzliche Entscheidungspunkt, jede unnötige Schnittstelle erhöht den technischen Aufwand exponentiell. Automatisierung lohnt sich nur dort, wo Abläufe linear, wiederholbar und stabil sind. Wo Prozesse ständig angepasst oder individuell interpretiert werden müssen, ist Automatisierung zum Effizienzgewinn ungeeignet. Hinzu kommt die Eindeutigkeit von Verantwortlichkeiten, da automatisierte Abläufe klare Zuständigkeiten benötigen, und dies nicht nur für die fachliche Entscheidung, sondern auch für die Pflege der zugrunde liegenden Regeln. Wo Verantwortung diffus verteilt ist, entstehen unklare Anforderungen und widersprüchliche Erwartungen an die Technik. Automatisierung verstärkt diese Unklarheiten und macht sie schwerer korrigierbar. Klare Verantwortung ist daher keine technische, sondern eine organisatorische Voraussetzung.

> *Die Akzeptanz begrenzter Bearbeitungstiefen ist ein entscheidender Aspekt für die erfolgreiche Automatisierung. Diese setzt voraus, dass bewusst entschieden wurde, welche Qualität und welcher Prüfumfang im Regelfall ausreichend sind. Wo maximale Absicherung oder vollständige Prüfung als Standard gelten, stößt Automatisierung schnell an ihre Grenzen. Technik kann nur das automatisieren, was bewusst vereinfacht wurde und zwingt zu einer ehrlichen Auseinandersetzung mit dem eigenen Anspruchsniveau.*

Schließlich erfordert sinnvolle Automatisierung eine realistische Erwartungshaltung, da sie keine fachliche Entscheidung ersetzen kann, sondern dort entlastet, wo Entscheidungen bereits getroffen wurden. Sie ist kein Instrument zur Konfliktvermeidung oder zur Umgehung unbequemer Klärungsprozesse. Wer Automatisierung einsetzt, ohne diese Klarheit zu schaffen, delegiert Probleme an die Technik und erhält sie in der Folge in verstärkter Form zurück.

Diese Voraussetzungen machen deutlich, warum Automatisierung in der Effizienzanalyse bewusst an letzter Stelle steht.

> *Automatisierung ist nicht der Hebel, mit dem Ordnung geschaffen wird, sondern der Mechanismus mit dem Ordnung skaliert wird. Automatisierung wirkt nur dort, wo Aufgaben priorisiert, Standards reduziert und Prozesse vereinfacht wurden. Fehlen diese Voraussetzungen, bleibt sie wirkungslos oder schädlich.*

Automatisierung ist damit weniger eine Frage technischer Machbarkeit als vielmehr der vorhandenen organisatorischen Reife. Sie zeigt, ob eine Organisation bereit ist, Klarheit zu akzeptieren und Begrenzungen zu setzen. Erst auf dieser Grundlage kann Technik zur Entlastung beitragen. Welche Rolle Führung dabei spielt und warum Digitalisierung nicht delegierbar ist, ist Gegenstand des folgenden Teils.

Reflexionsfragen

- Welche Aufgaben oder Abläufe in unserer Organisation wären heute tatsächlich ausreichend klar und stabil, um automatisiert zu werden?
- Wo verhindern unklare Standards oder widersprüchliche Erwartungen eine sinnvolle Automatisierung?
- Welche Ausnahmen behandeln wir faktisch als Regelfall und mit welchen Folgen für die Bearbeitung?
- Wo haben wir Prozesse automatisieren wollen, obwohl sie organisatorisch noch nicht ausreichend vereinfacht waren?
- Welche Voraussetzungen müssten wir erst schaffen, bevor Automatisierung bei uns entlastend wirken könnte?

6.4 Digitalisierung als Führungs- und Steuerungsaufgabe

Digitalisierung wird in vielen Verwaltungen primär als IT-Thema behandelt. Zuständigkeiten liegen bei Fachverfahren, IT-Abteilungen oder Digitalisierungsprojekten. Führung tritt häufig erst dann in Erscheinung, wenn Entscheidungen eskalieren oder Ressourcen freigegeben werden müssen. Diese Rollenverteilung ist einer der zentralen Gründe dafür, warum Digitalisierung ihre entlastende Wirkung so selten entfesselt.

> *Digitalisierung ist keine technische, sondern eine steuerungsrelevante Entscheidung, weil sie Festlegungen zum Leistungsumfang der Verwaltung, zum Anspruchsniveau einzelner Aufgaben und zu der Art, wie mit Ressourcen umgegangen wird, erfordert.*

Wer digitalisiert, entscheidet darüber, was standardisiert wird, was automatisiert werden darf und wo weiterhin individuelle Bearbeitung notwendig ist. Diese Entscheidungen sind nicht delegierbar. Digitalisierung als Führungsaufgabe beginnt daher nicht mit der Auswahl geeigneter Systeme oder Verfahren, sondern mit der Klärung von Prioritäten. Führung muss entscheiden, wo Digitalisierung einen Beitrag zur Entlastung leisten soll und wo bewusst nicht. Ohne diese Priorisierung entsteht ein Flickenteppich aus Einzelinitiativen, die technisch funktionieren mögen, organisatorisch jedoch kaum Wirkung entfalten. Eine weitere zentrale Führungsaufgabe liegt im Erwartungsmanagement. Digitalisierung wird häufig mit Heilsversprechen aufgeladen; sie soll schneller, günstiger und besser sein. Führung ist gefordert, diese Erwartungen zu begrenzen und realistisch einzuordnen. Nicht jede Aufgabe wird durch Digitalisierung einfacher, nicht jede Tätigkeit lässt sich automatisieren, die Klarheit darüber schützt die Organisation vor Enttäuschung und Überforderung.

Digitalisierung als Steuerungsaufgabe bedeutet zudem, Ambitionen bewusst zu begrenzen. Technisch ist heute vieles möglich, organisatorisch ist jedoch nicht alles sinnvoll. Führung muss entscheiden, welche Komplexität akzeptabel ist und wo Vereinfachung Vorrang hat. Diese Entscheidung fällt nicht im Pflichtenheft, sondern im Führungskreis. Ohne diese Begrenzung wird Digitalisierung zum Treiber neuer Komplexität. Ein weiterer Aspekt betrifft die Steuerung von Ressourcen. Digitale Lösungen sind nicht nur in der Einführung aufwendig, sondern auch im Betrieb. Pflege, Anpassung und Weiterentwicklung binden dauerhaft Kapazitäten. Führung muss diese Folgekosten berücksichtigen und gegen den erwarteten Nutzen abwägen. Digitalisierung ohne klare Nutzenorientierung belastet die Organisation langfristig. Digitalisierung als Führungsaufgabe zeigt sich schließlich im Umgang mit Verantwortung. Automatisierte Entscheidungen erfordern klare Zuständigkeiten für Regelwerke, Ausnahmen und Weiterentwicklung. Führung muss festlegen, wer diese Verantwortung trägt und wie Entscheidungen überprüft werden. Technik ersetzt Verantwortung nicht, sie macht sie sichtbarer. Diese Perspektive verändert den Blick auf Digitalisierung grundlegend, indem sie verdeutlicht, dass Digitalisierung kein Projekt ist, das man abschließen kann, sondern ein fortlaufender Steuerungsprozess.

> *Führung entscheidet nicht einmal, sondern immer wieder neu, wo Digitalisierung sinnvoll unterstützt und wo sie bewusst begrenzt wird. Diese Entscheidung ist Teil moderner Verwaltungsführung.*

Damit wird deutlich, dass Digitalisierung in der Regel nicht an mangelnder Technik scheitert, sondern an fehlender Steuerung. Wird sie als Führungsaufgabe verstanden, kann sie zur Entlastung betragen. Wird sie dagegen delegiert oder technisiert, verstärkt sie die organisationalen Probleme noch. Die Frage ist daher nicht, ob digitalisiert wird, sondern wie klar Führung ihre Rolle dabei wahrnimmt.

Reflexionsfragen

- Wo wird Digitalisierung bei uns faktisch als IT- oder Projektaufgabe behandelt?
- Welche Digitalisierungsentscheidungen müssten eigentlich auf Führungsebene getroffen werden?
- Wo fehlen klare Prioritäten dafür, wo Digitalisierung entlasten soll und wo nicht?
- Wie konsequent steuern wir die langfristigen Folgekosten digitaler Lösungen?
- Inwiefern ist unsere Digitalisierungsagenda Ausdruck von Führung oder von Anpassungsdruck?

6.5 Was Digitalisierung nicht leisten soll

Digitalisierung ist in vielen Verwaltungen mit Erwartungen aufgeladen, die sie nicht erfüllen kann. Sie soll strukturelle Defizite ausgleichen, politische Zielkonflikte entschärfen und fehlende Entscheidungen kompensieren. Diese Überhöhung ist einer der zentralen Gründe für Enttäuschung, Frustration und ineffektive Investitionen. Deshalb ist es ebenso wichtig zu klären, was Digitalisierung bewusst nicht leisten soll, wie ihre Potenziale zu beschreiben. Digitalisierung kann keine unklaren Aufgaben nachschärfen; wenn nicht entschieden ist, welche Leistungen mit welchem Anspruch erbracht werden sollen, verstärkt Technik lediglich diese Unklarheit. Digitale Systeme benötigen eindeutige Vorgaben, wenn diese fehlen, wird Unentschlossenheit technisch abgebildet und fortgeschrieben. Digitalisierung ersetzt keine inhaltliche Priorisierung. Ebenso wenig kann Digitalisierung widersprüchliche Standards auflösen. Wo unterschiedliche Anspruchsniveaus nebeneinander bestehen oder implizit variiert werden, entsteht ein hoher technischer Aufwand. Systeme müssen Ausnahmen abbilden, Sonderlogiken berücksichtigen und Abweichungen verwalten. Digitalisierung kann diese Widersprüche nicht lösen, sie macht sie nur sichtbar und teurer. Digitalisierung ist auch kein Instrument zur Vermeidung politischer oder organisatorischer Entscheidungen. Häufig wird Technik eingesetzt, um Konflikte zu umgehen oder Zeit zu gewinnen. Digitale Lösungen suggerieren Handlungsfähigkeit, ohne dass grundlegende Fragen geklärt werden. Diese Strategie ist jedoch wirkungslos, weil sich Entscheidungen nicht durch Systeme ersetzen lassen. Ein weiteres Missverständnis besteht darin, Digitalisierung als Mittel zur Qualitätssteigerung in allen Bereichen zu betrachten. Nicht jede Aufgabe gewinnt durch digitale Unterstützung an Qualität, insbesondere dort, wo individuelle Einschätzung, professionelle Abwägung oder situative Entscheidung gefragt sind, stößt Technik an Grenzen. Digitalisierung kann unterstützen, aber gewisse Anforderungen nicht ersetzen. Der Anspruch, alles zu digitalisieren, führt zwangsläufig zur Überregulierung. Digitalisierung soll auch nicht dazu dienen, bestehende Überforderung effizienter zu organisieren. Wenn Arbeitsvolumen, Anspruchsniveau und Aufgabenbestand nicht zueinander passen, verschärft Technik das Problem; Prozesse werden dann zwar schneller, jedoch nicht weniger komplex.

> *Digitalisierung darf nicht zum Beschleuniger eines bereits strukturell überlasteten Systems werden.*

Schließlich kann Digitalisierung keine Führungsverantwortung übernehmen; Entscheidungen über Standards, Prioritäten und Ressourceneinsatz bleiben Führungsaufgabe, unabhängig vom technischen Reifegrad der Organisation. Diese bewusste Begrenzung ist kein Rückschritt, sondern eine Voraussetzung für wirksamen Technikeinsatz. Sie schützt Organisationen vor Überfrachtung und Enttäuschungen. Digitalisierung gewinnt an Kraft, wenn klar ist, wofür sie eingesetzt wird und wofür nicht. Erst diese Klarheit ermöglicht es, Technik gezielt zur Entlastung für eine effiziente Verwaltung einzusetzen. Mit dieser Abgrenzung ist die dritte Analyseperspektive der Verwaltungseffizienz-Analyse (VEA) durchlaufen. Aufgaben wurden priorisiert, Prozesse vereinfacht und Automatisierung und Digitalisierung als Effizienz-Boost eingesetzt. Die verbleibende Herausforderung besteht darin, diese Logik nicht als Abfolge einzelner Projekte zu behandeln, sondern hausweit dauerhaft zu verankern. Wie eine solche Umsetzungsstruktur aussehen kann, ist Gegenstand des nächsten Kapitels.

Reflexionsfragen

- Welche Probleme versuchen wir aktuell durch Digitalisierung zu lösen, obwohl sie struktureller Natur sind?
- Wo erwarten wir von Technik Klärungen, die eigentlich inhaltliche Entscheidungen erfordern?
- Welche Aufgaben wären fachlich schlechter bearbeitet, wenn wir sie weiter digitalisieren würden?
- Wo nutzen wir Digitalisierung als Symbol für Fortschritt, ohne ihre Grenzen offen zu benennen?
- Welche bewussten Nicht-Digitalisierungsentscheidungen wären für unsere Organisation entlastend?

Leitgedanken zum Kapitel

- Digitalisierung erzeugt für sich genommen keine Effizienz, sondern verstärkt bestehende Strukturen.
- Automatisierung ist das Ergebnis klarer Entscheidungen und kein Ersatz für sie.
- Technik entlastet nur dort, wo Aufgaben, Standards und Prozesse bereits geklärt sind.
- Digitalisierung ist eine Führungs- und Steuerungsaufgabe, keine IT-Frage.
- Nicht alles, was digitalisierbar ist, sollte auch digitalisiert werden.

7 Umsetzungsarchitektur: Hausweite Steuerung statt Einzelprojekte

Mit den vorangegangenen Kapiteln wurde die Verwaltungseffizienz-Analyse (VEA) in ihrer inhaltlichen Logik dargestellt. Es ist damit geklärt, wo Effizienz ansetzt und in welcher Reihenfolge Aufgaben, Prozesse sowie Automatisierung und Digitalisierung betrachtet werden müssen. Offen bleibt jedoch eine entscheidende Frage, nämlich wie sich diese Logik so in der Organisation verankern lässt, dass sie nicht in Einzelmaßnahmen zerfällt, sondern dauerhaft wirksam wird. Kapitel 7 übernimmt genau diese Funktion, indem es den Fokus von der methodischen Ebene auf die organisationale Umsetzung verschiebt. Im Mittelpunkt steht nicht mehr die einzelne Maßnahme, sondern die Architektur, die Effizienz trägt. Das Kapitel zeigt, warum Effizienz nicht über Projekte gesteuert werden kann und weshalb isolierte Initiativen selten zur strukturellen Entlastung führen, selbst wenn jede für sich ambitioniert ist. Zugleich räumt das Kapitel mit einer üblichen Praxis auf, nach der Effizienz als Einzelaufgabe in Stabsstellen, Programme oder Projekte delegiert wird. Stattdessen wird Effizienz als hausweite Steuerungsaufgabe verstanden, die klare Rollen, verbindliche Entscheidungsformate und abgestimmte Verantwortlichkeiten erfordert. Im Aufbau des Buches bildet Kapitel 7 damit die Brücke zwischen inhaltlicher Klarheit und operativem Handeln. Es bereitet den Übergang zu einem konkreten Umsetzungsfahrplan vor, indem es Voraussetzungen benennt, unter denen Effizienz organisationsweit wirksam werden kann. Die folgenden Kapitel knüpfen daran an, indem sie diese Architektur in konkrete Schritte und Führungsrollen übersetzen.

7.1 Warum Effizienz nicht durch Projekte entsteht

Effizienzinitiativen werden in Verwaltungen häufig in Form von Projekten organisiert, bei denen es Projektaufträge, Zeitpläne, Meilensteine und Projektteams gibt. Diese Logik ist naheliegend, weil sie Handlungsfähigkeit signalisiert und an bestehende Organisationsroutinen anschließt. Gleichzeitig ist diese Projektlogik einer der zentralen Gründe dafür, warum Effizienzbestrebungen trotz hoher Aktivität nur eine begrenzte und punktuelle Wirkung entfalten. Projekte sind per Definition zeitlich befristet, thematisch abgegrenzt und personell über Projektteams in der Verantwortung zugeordnet. Sie eignen sich gut für klar umrissene Vorhaben mit einem eindeutigen Ergebnis. Effizienz ist jedoch kein derartiges Vorhaben, weil es sich um keine singuläre Maßnahme, sondern um eine dauerhafte Entscheidung darüber handelt, wie Aufgaben priorisiert, Standards gesetzt und Ressourcen genutzt werden. Diese Entscheidung lässt sich nicht projektförmig organisieren.

Wird Effizienz dennoch als Projekt organisiert, entstehen typische Fehlentwicklungen, deren Ursachen in der Auslagerung von Effizienz aus der Linienorganisation in eine Projektorganisation liegen. So verschiebt sich Verantwortung vom regulären Führungshandeln in Sonderstrukturen, in denen Führungskräfte zwar punktuell beteiligt sind, sie Effizienz allerdings nicht als dauerhaften Maßstab ihres eigenen Führungshandelns übernehmen.

Mit dem Ende des Projekts endet auch die Aufmerksamkeit für das Thema. Hinzu kommt, dass Projekte zwangsläufig selektiv arbeiten, indem sie einzelne Themen, Bereiche oder Prozesse herausgreifen und isoliert bearbeiten. Selbst wenn diese Projekte erfolgreich sind, bleibt ihre Wirkung daher begrenzt. Entlastung entsteht zwar lokal jedoch nicht strukturell in der Gesamtverwaltung. Diese verändert sich kaum, weil die zugrundeliegende Steuerungslogik unangetastet bleibt. Ein weiteres Problem der Projektstrukturen liegt im impliziten Anspruch von Projekten, Ergebnisse möglichst vollständig und belastbar zu liefern. Effizienzprojekte neigen so dazu, gründlich zu analysieren, Konzepte zu entwickeln und Lösungen abzusichern. Dieser Perfektionsanspruch steht im Widerspruch zur eigentlichen Zielsetzung, effizienter zu handeln. Effizienz verlangt keine perfekten Lösungen, sondern wirksame Entscheidungen. Der Versuch, Effizienz projektförmig zu realisieren, verlangsamt sie. Die Projektlogik verstärkt zudem die Tendenz, Effizienz als Ausnahmezustand oder besondere Aktivität zu behandeln. Während des Projekts gilt Effizienz als legitim, danach kehrt der Normalbetrieb zurück. Entscheidungen werden wieder nach anderen Maßstäben getroffen und Effizienz zum temporären Thema, nicht zu einem dauerhaften Anspruchs- und Orientierungsrahmen. Genau diese Diskontinuität verhindert nachhaltige strukturelle Entlastungen, die in den Projekten gewonnenen Effizienzrenditen sind in der Alltagsorganisation schnell wieder verbraucht.

Effizienz entsteht nicht durch das Abarbeiten eines Maßnahmenkatalogs, sondern durch die wiederholte Anwendung einer klaren Entscheidungslogik. Sie wirkt kumulativ, nicht punktuell.

Einzelne Projekte können Impulse geben oder Themen vorbereiten, sie können Effizienz aber nicht ersetzen. Wer Effizienz ernsthaft anstrebt, muss sie aus der Projektlogik herauslösen und in die reguläre Verwaltungssteuerung überführen. Das bedeutet nicht, dass Projekte grundsätzlich überflüssig sind, vielmehr haben sie ihren Platz, wenn es um klar umgrenzte Umsetzungsfragen geht. Entscheidend ist jedoch, dass sie nicht als Träger der Effizienzverantwortung missverstanden werden. Effizienz darf nicht »gemacht« werden, sondern sie muss dauerhaft geführt werden.

Mit dieser Einsicht verschiebt sich der Fokus von der Frage, welche Projekte initiiert werden sollten, hin zu der Frage, wie Effizienz hausweit verankert werden kann. Es geht nicht um zusätzliche Aktivitäten, sondern um eine andere Art innerhalb der Organisation zu entscheiden. Wie diese hausweite Verantwortung organisiert werden kann und welche Rollen dabei relevant sind, ist Gegenstand des nächsten Teils.

Reflexionsfragen

- Welche Themen werden bei uns in Projektform bearbeitet, obwohl sie besser als Daueraufgaben organisiert würden?
- Wo entlasten Projekte temporär, ohne die zugrundeliegende Entscheidungslogik zu verändern?
- Welche Verantwortung wird bei uns regelmäßig an Projekte ausgelagert, statt in der Linie wahrgenommen zu werden?
- Woran erkennen wir, dass Effizienz bei uns noch als Ausnahmezustand und nicht als Normalfall behandelt wird?
- Welche Entscheidungen würden heute anders getroffen, wenn Effizienz kein Projekt, sondern ein dauerhafter Maßstab wäre?

7.2 Hausweite Verantwortung statt punktueller Initiativen

Wenn Effizienz nicht projektförmig organisiert werden kann, stellt sich zwangsläufig die Frage, wie sie stattdessen verankert werden muss. Die Antwort liegt nicht in zusätzlichen Strukturen oder neuen Gremien, sondern in einer hausweiten Verantwortung, die Effizienz als gemeinsamen Maßstab etabliert. Solange Effizienz als Sonderthema einzelner Bereiche oder Initiativen behandelt wird, bleibt ihre Wirkung begrenzt und selten nachhaltig. In vielen Verwaltungen existiert eine Vielzahl gut gemeinter Effizienzinitiativen, bei denen Fachbereiche optimierte Abläufe entwickeln, Digitalisierungsstellen technische Lösungen vorantrieben und zentrale Einheiten Konzepte entwickeln. Diese Initiativen entstehen häufig unabhängig voneinander und folgen unterschiedlichen Logiken. Was fehlt, ist ein gemeinsamer Bezugsrahmen, der entscheidet, welche Aktivitäten prioritär sind und welche nicht. Fehlt dieser, bleibt Effizienz fragmentiert.

> *Hausweite Verantwortung bedeutet, Effizienz nicht mehr als Aufgabe einzelner Einheiten zu verstehen und als Spezialthema zu organisieren, das delegiert werden kann, sondern als einen gemeinsamen Maßstab, an dem Entscheidungen in allen Bereichen ausgerichtet werden.*

Jede Organisationseinheit trägt Verantwortung dafür, wie sie ihre Aufgaben priorisiert, Standards definiert und Ressourcen einteilt. Effizienz entsteht dort, wo diese Verantwortung konsequent und dauerhaft wahrgenommen wird. Diese Perspektive verändert auch den Blick auf Effizienzinitiativen, die als Einzelvorhaben nicht per se falsch sind, aber nach diesem neuen Steuerungsverständnis in einen größeren Bezugsrahmen eingebettet werden müssen. Bedeutsam ist, dass sich jede Effizienzinitiative in den übergeordneten Zusammenhang einfügt und an gemeinsamen Kriterien gemessen werden kann. Dann sind sie kein Selbstzweck mehr, sondern Mittel zur Umsetzung einer hausweiten Steuerungslogik. Ohne diese Einordnung verpuffen selbst gut umgesetzte Maßnahmen. Eine hausweite Verantwortung erfordert zudem Kohärenz in den Steuerungsentscheidungen. Wenn Effizienz darin nur punktuell berücksichtigt wird, entstehen widersprüchliche Signale, bei denen ein Bereich möglicherweise Aufgaben reduziert und Standards senkt, während ein anderer neue Aufgaben definiert oder bestehende ausbaut. Diese Inkonsistenz untergräbt jede Entlastungswirkung. Effizienz entfaltet sich nur nachhaltig, wenn Entscheidungen in ihrer Gesamtheit unter diesem Gesichtspunkt betrachtet werden und die Berücksichtigung von Effizienz zur Selbstverständlichkeit bei jeder Führungsentscheidung wird. Wichtig dabei ist, Effizienz nicht als Vereinheitlichung zu verstehen; hausweite Verantwortung bedeutet nicht, dass überall mit den gleichen Standards gearbeitet wird. Unterschiedliche Aufgaben erfordern unterschiedliche Festlegungen. Dabei ist jedoch entscheidend, dass diese Festlegungen nach derselben Logik getroffen werden. Effizienz ist also keine Gleichmacherei, sondern ein gemeinsamer Bezugsrahmen für Führungs- und Steuerungsentscheidungen.

Eine weitere Konsequenz einer hausweiten Verantwortung für Effizienz ist die Transparenz über die Wirkungen der jeweiligen Aufgaben und Leistungen. Wenn Effizienz als gemeinsamer Maßstab verstanden wird, müssen ihre Auswirkungen sichtbar gemacht werden können. Dies betrifft nicht nur potenzielle finanzielle Einsparungen, sondern vor allem nachhaltige Entlastungspotenziale für die Verwaltung insgesamt. Ohne diese Transparenz bleiben die Folgen von Effizienzmaßnahmen abstrakt und verlieren ihre Überzeugungskraft. Hausweite Verantwortung verlangt schließlich die Bereitschaft, Zielkonflikte offen zu benennen. Effizienz konkurriert mit anderen legitimen Zielen wie Qualität, Rechtssicherheit oder politische Steuerung. Diese Konflikte lassen sich nicht auflösen, indem Effizienz isoliert in Programmen und Initiativen behandelt wird, sondern sie müssen auf der Ebene der Organisation über die Steuerungsarchitektur bearbeitet werden. Genau darin liegt der Unterschied zwischen punktuellen Initiativen und einer nachhaltigen Umsetzungsarchitektur auf Grundlage der VEA-Logik.

Mit der Verankerung hausweiter Verantwortung ist der Rahmen für Effizienz als Führungs- und Steuerungslogik gesetzt. Effizienz wird nicht mehr über singuläre Projekte eingeführt, sondern im Verwaltungshandeln konsequent und dauerhaft berücksichtigt. Sie ist kein Zusatzthema, das neben den Fachaufgaben auch noch bearbeitet werden muss, sondern ein Teil jeder relevanten Steuerungsentscheidung innerhalb der Verwaltung und über alle Führungsebenen hinweg.

Damit rückt die Frage in den Vordergrund, wer diese Verantwortung konkret trägt, und wie sie auf den jeweiligen Ebenen wahrgenommen wird. Die Klärung von Rollen und Verantwortlichkeiten ist daher der nächste notwendige Schritt.

Reflexionsfragen

- Wo ist in unserer Organisation heute unklar, ob Effizienz eine verbindliche Erwartung oder eine optionale Orientierung ist?
- Welche Entscheidungen werden in verschiedenen Bereichen nach unterschiedlichen Effizienzmaßstäben getroffen?
- Wo entstehen widersprüchliche Effekte, weil Entlastung an einer Stelle durch neue Anforderungen an anderer Stelle neutralisiert wird?
- Inwiefern verfügen wir über einen gemeinsamen Referenzrahmen, um Einzelinitiativen einzuordnen und zu priorisieren?
- Welche Konsequenzen hätte es, Effizienz als organisationsweiten Maßstab explizit festzulegen?

7.3 Rollen und Verantwortlichkeiten in der Umsetzungsarchitektur

Hausweite Verantwortung für Effizienz bleibt wirkungslos, wenn nicht klar ist, wer welche Rolle in der Umsetzung übernimmt. Effizienz scheitert in der Praxis selten an fehlenden Konzepten, sondern an einer ungeklärten oder diffusen Verantwortung. Entscheidungen werden vorbereitet, diskutiert oder empfohlen, aber nicht konsequent getroffen oder durchgehalten. Eine tragfähige Umsetzungsarchitektur braucht daher eine klare Rollenteilung über alle Ebene hinweg.

- Die **politische Ebene** nimmt dabei eine bewusst begrenzende Rolle ein, indem sie den grundsätzlichen Rahmen setzt, Effizienz als Ziel mitträgt und die Notwendigkeit von Priorisierung und Differenzierung akzeptiert. Ihre Aufgabe liegt nicht in der operativen Steuerung, sondern im politischen Rückhalt für unbequeme Entscheidungen. Effizienz scheitert häufig dort, wo dieser Rückhalt fehlt oder nur konditional gewährt wird.
- Die **Verwaltungsleitung** trägt die zentrale Verantwortung für die Umsetzungsarchitektur, indem sie als Treiberin des Effizienzanspruchs für seine Verbindlichkeit sorgt. Ihre Aufgabe besteht nicht darin, Einzelmaßnahmen zu steuern, sondern den Entscheidungsrahmen zu setzen, innerhalb dessen Effizienz dauerhaft in der Verwaltungssteuerung berücksichtigt wird. Dazu gehört, Effizienz regelmäßig zum Gegenstand von Führungsgesprächen zu machen, Zielkonflikte offen zu adressieren und Entscheidungen konsequent nachzuhalten.
- Dem **mittleren Management** kommt eine besondere Bedeutung zu, da es die entscheidende Übersetzungsebene zwischen strategischem Anspruch und operativer Realität ist. Hier wird entschieden, ob Effizienz zur gelebten Verwaltungspraxis wird oder abstrakt bleibt und nur singulär gedacht wird. Führungskräfte auf dieser Ebene gestalten Aufgaben, setzen Standards und prägen die Bearbeitungstiefe. Sie benötigen Klarheit über ihre Rolle und Rückendeckung für Entscheidungen, die nicht allen Erwartungen gerecht werden.

- Die **operative Führungsebene** schließlich ist der Ort, an dem Effizienz im Alltag wirksam wird oder scheitert. Sachgebiets-, Team- und Gruppenleitungen steuern die konkrete Aufgabenerledigung, setzen Prioritäten im Tagesgeschäft um und vermitteln zwischen organisationalen Entscheidungen und den Erwartungen der Mitarbeitenden. Sie entscheiden faktisch darüber, ob Differenzierung eingehalten oder durch implizite Gleichbehandlung unterlaufen wird. Ohne ihre aktive Rolle bleibt Effizienz eine formale Setzung, die im Arbeitsalltag keine Wirkung entfaltet.

Eine häufige Fehlannahme besteht darin, Effizienz primär in zentralen Stabsstellen zu verorten. Solche Einheiten können über Koordination und Moderation unterstützen, sie können Effizienz aber innerhalb der Verwaltung nicht selbst umsetzen. Ihr Mehrwert liegt in der Ordnungsleistung, nicht in der Entscheidung. Werden sie als Träger der Effizienzverantwortung missverstanden, entsteht eine Entkopplung von Linie und Steuerung. Effizienz wird dann zum Spezialthema, eine nachhaltige Einbettung in den Verwaltungsalltag wird so nicht gelingen.

Wesentlich ist zudem die Rollenklärung zwischen der Entscheidung und Umsetzung. Effizienzentscheidungen müssen dort getroffen werden, wo sie wirksam sind. Gleichzeitig müssen sie dort umgesetzt werden, wo Aufgaben in der täglichen Verwaltungspraxis bearbeitet werden. Diese Trennung erfordert klare Kommunikation und ein gegenseitiges, von allen Seiten akzeptiertes Rollenverständnis. Unklarheiten an dieser Stelle führen zu Reibungen, Widerständen und Rückdelegation.

> *Eine tragfähige Rollenarchitektur erkennt an, dass Effizienz Übersetzungsarbeit ist, bei der Entscheidungen auf der Leitungsebene so formuliert werden müssen, dass sie in den Fachbereichen handhabbar sind. Umgekehrt müssen Rückmeldungen aus der Praxis ernst genommen werden, ohne den Effizienzanspruch zu verwässern. Diese Rückkopplung zwischen Entscheidungs- und Umsetzungsebene ist kein Zeichen von Schwäche, sondern eine Voraussetzung für Wirksamkeit.*

Schließlich verlangt die Umsetzungsarchitektur eine klare Haltung zum Umgang mit Widerständen. Effizienzentscheidungen berühren etablierte Routinen und vielschichte Erwartungen. Widerstand ist daher normal. Rollenklärung bedeutet auch, festzulegen, wer diesen Widerstand aufnimmt, moderiert und, wo notwendig, entscheidet. Effizienz scheitert nicht an Widerstand, sondern an nicht wahrgenommener Verantwortung im Rahmen der Konfliktbearbeitung.

Mit der Klärung der Rollen und Verantwortlichkeiten wird Effizienz handhabbar und verliert den Charakter eines abstrakten Anspruchs, indem sie Teil des konkreten Führungshandelns wird. Damit ist die Voraussetzung geschaffen, Effizienz nicht nur anzustreben, sondern auch dauerhaft und nachhaltig im täglichen Verwaltungshandeln zu etablieren. Wie diese Rollen nun in eine konsequente Steuerungslogik eingebettet werden können, ist Gegenstand des nächsten Teils.

Reflexionsfragen

- Ist bei uns eindeutig geklärt, wer Effizienzentscheidungen trifft und wer sie umsetzt?
- Wo verschwimmen Entscheidungen, Empfehlung und Moderation in der Praxis?
- Welche Rolle übernimmt das mittlere Management bei Effizienzfragen tatsächlich?
- Wo fehlt Rückhalt für Führungskräfte, um Standards zu senken oder Aufgaben zu priorisieren?
- Wie gehen wir mit Widerständen gegen Effizienzentscheidungen konkret um?

7.4 Steuerungslogik statt Methodensteuerung

Viele Effizienzinitiativen scheitern nicht an fehlendem Wissen über Methoden, sondern an einer falschen Vorstellung von Steuerung. Effizienz wird häufig über Instrumente wie Kennzahlen, Prozesse, Projekte oder Tools adressiert, von denen man sich verspricht, dass sie eine entlastende Wirkung entfalten. Diese Instrumente können unterstützen, sie ersetzen jedoch keine Steuerungslogik.

Abb. 6: Zwei Logiken der Effizienz

Wo Effizienz nicht fortlaufend mitgedacht und in Entscheidungen eingebaut wird, bleibt sie folgenlos, unabhängig vom eingesetzten Werkzeug.

Steuerung im Sinne der Verwaltungseffizienz-Analyse (VEA) meint nicht Kontrolle oder Messung, sondern die systematische Verknüpfung von Entscheidungen entlang einer in der gesamten Verwaltung gültigen Steuerungslogik, die Effizienz zu einer ihrer Kernprämissen macht.

Effizienz wird wirksam, wenn sie bei zentralen Fragen konsequent mitgedacht wird. Beispielhafte Fragen hierfür sind, welche Aufgaben die Verwaltung übernimmt, mit welchem Anspruch sie das tut, in welcher Form die Aufgaben organisiert werden und mit welchem Ressourceneinsatz sie bearbeitet werden sollen. Diese Fragen lassen sich nicht durch die Anwendung von Methoden klären, sondern über bewusste Setzungen mittels Entscheidungen unter dem Primat der Effizienz. Der Versuch, über Methoden zu steuern, verführt dazu, Effizienz zu externalisieren, indem sie an Instrumente delegiert wird. Es entsteht der Eindruck, man müsse nur die richtigen Instrumente einsetzen, um die Verwaltung effizienter zu machen. Die eigentlich erforderlichen Grundsatzentscheidungen werden dann allerdings nicht getroffen. So kommt es zu optimierten Prozessen, ohne dass die Aufgaben hinterfragt wurden oder zur Definition von Effizienzkennzahlen, die zwar erhoben werden, nach denen jedoch nicht gesteuert wird. Eine tragfähige Umsetzungsarchitektur setzt daher auf eine wiederkehrende Entscheidungslogik, nicht auf ein Bündel von Maßnahmen. Die Verwaltungseffizienz-Analyse dient dabei als Prüfrahmen, indem sie sicherstellt, dass Entscheidungen in der richtigen Reifenfolge getroffen werden und sich auf eine allgemein gültige und in der Gesamtverwaltung akzeptierte Steuerungslogik beziehen. Steuerung bedeutet in diesem Verständnis, bei relevanten Entscheidungen systematisch zu prüfen, welche VEA-Analyseperspektive sie betreffen und welche Konsequenzen daraus folgen. Diese Form der Steuerung ist bewusst einfach gehalten und verzichtet auf komplexe Systeme und umfangreiche Kennzahlensets.

Effizienz entsteht nicht durch zusätzliche Steuerungsebenen, sondern durch Klarheit in bestehenden organisationalen Entscheidungsprozessen.

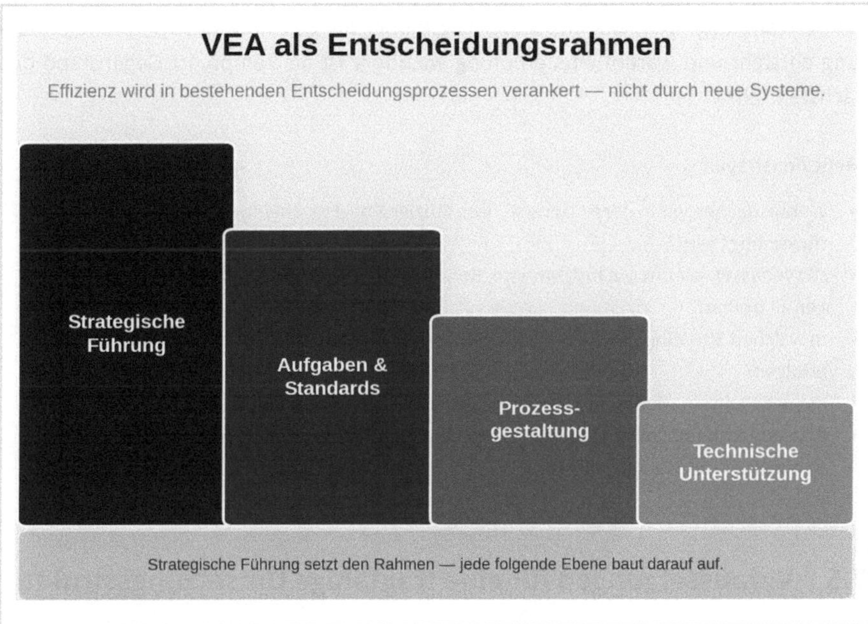

Abb. 7: VEA als Entscheidungsrahmen

Je einfacher die hinter der Steuerung liegende Logik, desto größer ihre Wirkung. Komplexe Steuerungssysteme erzeugen häufig mehr Koordinierungsaufwand als Entlastung. Die Analyse- und Steuerungslogik kann in bestehende Führungssysteme wie Leitungskonferenzen, Zielvereinbarungen oder Haushaltsplanungen integriert werden, ohne separat behandelt werden zu müssen. So verliert sie den Charakter eines zusätzlichen Aufgabenfelds, das bearbeitet werden muss, und wird Teil des regulären Verwaltungshandelns.

> *Steuerung nach der VEA-Logik bedeutet auch, die Konsequenzen von Steuerungsentscheidungen sichtbar zu machen. Wenn Effizienz als Maßstab gilt, müssen die zugrunde liegenden Entscheidungen nachvollziehbar sein. Das betrifft nicht nur positive Effekte, sondern auch Zielkonflikte. Effizienz konkurriert mit anderen legitimen Zielen innerhalb der Verwaltung, was zu Konflikten führen kann. Steuerung besteht darin, diese Konflikte bewusst zu entscheiden, nicht sie zu vermeiden oder sich zu technisieren.*

Wichtig ist schließlich die Abgrenzung zu einer kennzahlenbasierten Steuerungslogik. Kennzahlen können Hinweise über Effizienz geben, sie ersetzen jedoch nicht die erforderlichen Richtungsentscheidungen. Mit dieser Einordnung wird Effizienz steuerbar, ohne hierfür neue, mit weiterem Aufwand verbundene Strukturen zu schaffen. Sie bleibt handhabbar, weil sie an ohnehin erforderliche Entscheidungen zum Verwaltungshandeln angedockt wird. So gelingt die dauerhafte Verankerung von Effizienz in der Verwaltungspraxis. Wie aus dieser Logik über die Zeit hinweg strukturelle Entlastung entsteht und warum Wiederholung wichtiger ist als Tempo, ist Gegenstand des nächsten Teils.

Reflexionsfragen

- Woran machen wir in der Praxis fest, dass Effizienz bei Entscheidungen konsequent berücksichtigt wird?
- Wo verlassen wir uns auf Instrumente, Kennzahlen oder Projekte, statt klare Entscheidungen zu treffen?
- In welchen Situationen wird Effizienz gemessen, ohne dass daraus Konsequenzen erfolgen?
- Wo verwechseln wir Steuerung mit Dokumentation oder Berichterstattung?
- Welche zentralen Entscheidungen würden heute anders ausfallen, wenn Effizienz ein verbindlicher Prüfmaßstab wäre?

7.5 Voraussetzungen für eine tragfähige Umsetzungsstruktur

Mit der Klärung von Architektur, Verantwortung und Steuerungslogik ist noch keine Entlastung erreicht. Sie entsteht erst, wenn Verwaltungen beginnen, diese Logik konsequent im täglichen Handeln anzuwenden. Der Übergang von der Einsicht über die Notwendigkeit von fortlaufenden Steuerungsentscheidungen entlang von Effizienzmaßstäben zur Handlung ist dabei kein technischer, sondern ein organisatorischer Schritt. Er entscheidet darüber, ob Effizienz lediglich ein Anspruch bleibt oder zur gelebten Verwaltungspraxis wird.

Eine tragfähige Umsetzungsarchitektur berücksichtigt die nachfolgenden Voraussetzungen, um Effizienz dauerhaft in das Verwaltungshandeln zu implementieren:

- Effizienz wird nur wirksam, wenn sie systematisch **Teil von Entscheidungsformaten** wird. Das betrifft nicht nur den Umgang mit großen Reformfragen, sondern vor allem tägliche Entscheidungen über neue Aufgaben, zusätzliche Anforderungen oder steigende Standards sowie deren Auswirkungen auf den Ressourceneinsatz. Wo Effizienz nicht als Teil dieser Entscheidungen berücksichtigt wird, lässt sie sich nicht nachhaltig in der Organisation etablieren.
- Eng damit verbunden ist die **Regelkommunikation**. Effizienz erfordert Klarheit darüber, was künftig gilt und was nicht mehr. Vereinfachung, Priorisierung und Standardabsenkung müssen als Orientierungsrahmen für Steuerungsentscheidungen explizit kommuniziert und legitimiert werden. Solange tradierte Erwartungen fortwirken, werden neue Entscheidungen in der Verwaltungspraxis unterlaufen. Eine Umsetzungsarchitektur für nachhaltige Effizienz in der gesamten Organisation bedeutet daher auch, Regeln nicht nur zu ändern, sondern ihre Bedeutung aktiv zu vermitteln.

- Eine weitere Voraussetzung für die Tragfähigkeit der Umsetzung ist die **Rückkopplung von Wirkung**. Effizienz lässt sich nicht allein über Kennzahlen steuern. Entscheidend ist, ob eine tatsächliche Entlastung der Organisation spürbar ist, beispielsweise über geringere Koordinationsbedarfe, klarere Zuständigkeiten und eine bessere Steuerbarkeit der Verwaltung. Diese Wirkungen müssen sichtbar gemacht werden, nicht zur Rechtfertigung, sondern zur Orientierung. Ohne Rückkopplung fehlt der Aspekt des organisationalen Lernens, auf dessen Grundlage der Reifegrad der Verwaltung nachhaltig entwickelt werden kann.
- Zentral ist zudem die **Qualifizierung von Führung**, nicht im Sinne methodischer Schulungen, sondern im Hinblick auf das Rollenverständnis. Führungskräfte müssen dazu in der Lage sein, Effizienzentscheidungen zu treffen und diese gegenüber relevanten Stakeholdern und Mitarbeitenden zu vertreten. Je nach Führungsebene unterscheiden sich diese Anforderungen. Eine Umsetzungsarchitektur ist nur so tragfähig, wie die Fähigkeit der Führungskräfte, sie im Alltag konsequent anzuwenden.
- Effizienz entfaltet ihre Wirkung außerdem nur durch **Wiederholung und Rhythmus**. Einzelentscheidungen bleiben wirkungslos, wenn nicht alle Entscheidungen auf der Grundlage der gleichen Steuerungslogik erfolgen. Neue Aufgaben, neue Standards und Anforderungen müssen regelmäßig überprüft werden, um ihre Passung und Aktualität sicherzustellen. Effizienz ist kein einmaliger Akt, sondern eine wiederkehrende Steuerungslogik in der Verwaltungspraxis, die dauerhaft Grundlage einer jeden Verwaltungsentscheidung ist. Eine tragfähige Umsetzungsarchitektur stellt sicher, dass diese Entscheidungs- und Steuerungslogik institutionalisiert wird.
- Schließlich benötigt Effizienz **Rückhalt und Legitimation**. Entscheidungen zur Reduktion, Vereinfachung oder Begrenzung stoßen zwangsläufig auf Widerstand einzelner Interessenparteien. Die Umsetzungsarchitektur muss Führungskräfte davor schützen, mit diesen Konflikten im täglichen Verwaltungshandeln allein zu bleiben. Sie schafft den politischen und organisatorischen Rückhalt für Entscheidungen, die langfristig entlasten, jedoch kurzfristig unbequem sein können.

Diese Voraussetzungen markieren den Übergang von den Anforderungen an die Umsetzungsarchitektur zu deren Anwendung. Sie machen deutlich, auf welchen Ebenen Verwaltungen ansetzen müssen, um Effizienz nicht nur punktuell zu berücksichtigen, sondern nachhaltig in der Verwaltung zu verankern. Wie dieser Übergang konkret gestaltet werden kann und wie Verwaltungen Schritt für Schritt in eine neue Entscheidungs- und Steuerungspraxis kommen, ist Gegenstand des folgenden Kapitels.

Reflexionsfragen

- In welchen Entscheidungsformaten wird bei uns Effizienz dauerhaft berücksichtigt und wo nicht?
- Wo fehlt eine klare Kommunikation darüber, welche Prioritäten und Standards künftig gelten sollen?
- Woran würden wir konkret erkennen, dass Effizienzentscheidungen bei uns entlastend wirken?
- Welche Fähigkeiten benötigen unsere Führungskräfte auf den verschiedenen Ebenen, um Effizienz im Alltag entsprechend ihrer jeweiligen Rolle umzusetzen?
- Wo fehlt es uns aktuell an Wiederholung und Verbindlichkeit, damit Effizienz in die tägliche Verwaltungspraxis einfließt?
- Welche Formen von Rückhalt wären notwendig, damit unbequeme Effizienzentscheidungen durchgehalten werden können?

Leitgedanken zum Kapitel

- Effizienz entsteht nicht durch Projekte, sondern durch dauerhafte Steuerung.
- Hausweite Entlastung erfordert gemeinsame Maßstäbe, nicht isolierte Initiativen.
- Unklare Verantwortung ist der häufigste Grund für wirkungslose Effizienzprogramme.
- Steuerung bedeutet zu entscheiden, nicht zu messen, zu dokumentieren oder zu moderieren.
- Effizienz wird erst wirksam, wenn sie regelmäßig angewendet und legitimiert wird.

8 Operativer Fahrplan zur strukturellen Entlastung

Die vorherigen Kapitel haben gezeigt, dass Effizienz nicht aus Einzelmaßnahmen besteht, sondern aus einer tragfähigen Umsetzungsarchitektur, die Effizienz als Steuerungslogik im täglichen Verwaltungshandeln verankert. Kapitel 7 hat die zentralen Voraussetzungen benannt, unter denen Effizienz organisationsweit und dauerhaft wirksam werden kann. Dabei wurden klare Entscheidungsformate, verbindliche Rollen, Regelkommunikation, die Rückkopplung von Wirkung, die Qualifizierung von Führung sowie Rhythmen und Wiederholung als wichtige Erfolgsbedingungen im Rahmen der Umsetzung angesprochen. Diese Voraussetzungen beschreiben jedoch noch keinen Weg, sondern einen Rahmen. Damit aus ihnen tatsächliches Handeln erwächst, braucht es eine bewusste Übersetzung.

In Kapitel 8 werden die Voraussetzungen in konkrete Handlungsfelder übersetzt, die es systematisch zu bearbeiten gilt, um strukturelle Entlastung zu erreichen. Dabei geht es ausdrücklich nicht um eine Abfolge einzelner Projekte oder Maßnahmen, sondern um die strukturierte Entwicklung und dauerhafte Verankerung von Effizienz in den Verwaltungsalltag. Die Handlungsfelder dieses Kapitels beschreiben deshalb keine kurzfristigen Interventionen, sondern dauerhafte Steuerungs- und Führungsaufgaben. Effizienz wird hier als Zusammenspiel mehrerer Handlungsfelder verstanden, deren Gewichtung im zeitlichen Verlauf variiert.

Die im Folgenden beschriebenen Bausteine sind daher als Handlungs- und Interventionsfelder einer Umsetzungsarchitektur zu lesen, bei denen jedes einzelnen Feld eine eigenständige Funktion für die Steuerungsfähigkeit der Organisation erfüllt. Kein Feld kann dauerhaft vernachlässigt werden, ohne dass die Gesamtarchitektur an Wirkung verliert. Zugleich bedeutet dies nicht, dass alle Felder gleichzeitig oder mit gleicher Intensität bearbeitet werden müssen. Entscheidend ist nicht die Gleichzeitigkeit, sondern die Reihenfolge der Bearbeitung. Damit unterscheidet dieses Kapitel zwischen zwei Ebenen. Die erste Ebene umfasst die Handlungsfelder, die dauerhaft adressiert werden müssen, damit Effizienz getragen wird. Die zweite Ebene verdeutlicht, dass deren Umsetzung dynamisch erfolgt, da in unterschiedlichen Umsetzungsphasen unterschiedliche Felder im Vordergrund stehen, während andere vorbereitend oder stabilisierend wirken. Es werden zunächst die zentralen Handlungsfelder der Umsetzungsarchitektur in Form von Bausteinen beschrieben und ihre jeweilige Funktion erläutert. Anschließend werden die Bausteine zeitlich und inhaltlich schlüssig in Maßnahmen für einen operativen Umsetzungsfahrplan übersetzt, der sich an Phasen orientiert und Führung bei der praktischen Umsetzung unterstützt. Der Anspruch ist dabei nicht, einen idealtypischen Ablauf vorzugeben, sondern Orientierung zu schaffen, wo begonnen werden kann, was parallel entwickelt werden sollte und woran sich erkennen lässt, welche Schritte als nächstes folgen sollten. Mit dieser Struktur versteht sich Kapitel 8 als Brücke zwischen Steuerungslogik und Führungshandeln.

8.1 Baustein 1: Effizienz in Entscheidungsformate integrieren

1. Funktion des Bausteins in der Umsetzungsarchitektur

Effizienz wird in Verwaltungen nicht dort entschieden, wo Maßnahmen umgesetzt werden, sondern dort, wo grundsätzlich Steuerungsentscheidungen getroffen werden (sollten). Solange Effizienz kein fester Bestandteil zentraler Entscheidungsformate ist, bleibt sie ein nachgelagertes Kriterium – vom Charakter her optional, situativ oder abhängig von einzelnen Personen. Dieser Baustein zielt darauf ab, Effizienz systematisch in die Entscheidungslogik der Organisation zu integrieren und dies nicht als zusätzliches Prüfmerkmal, sondern als selbstverständliche Perspektive bei allen relevanten Führungsentscheidungen. Effizienz wird damit nicht eingefordert, sondern institutionalisiert.

2. Ziel des Bausteins

Ziel ist es, sicherzustellen, dass Effizienz nicht vom Zufall oder von persönlichem Engagement abhängt, sondern regelmäßig und verbindlich in Entscheidungen berücksichtigt wird. Entscheidungen sollen nicht nur fachlich und rechtlich tragfähig sein, sondern auch hinsichtlich ihres Ressourcenverbrauchs, ihrer Steuerbarkeit und ihres Wirkbeitrags reflektiert werden.

3. Zentrale Hebel und Maßnahmen

- **Identifikation zentraler Entscheidungsformate:** Klärung, in welchen Formaten relevante Steuerungsentscheidungen tatsächlich getroffen werden (Leitungskreise, Dezernatsrunden, Ziel- und Budgetgespräche etc.).
- **Verankerung einer Effizienzperspektive in diesen Formaten:** Effizienz wird nicht als eigener Tagesordnungspunkt behandelt, sondern als mitlaufendes Entscheidungskriterium, das bei zentralen Fragen systematisch mitgedacht wird.
- **Standardisierung zentraler Entscheidungsfragen:** Etablierung weniger, wiederkehrender Leitfragen, unter anderem danach, welchen Wirkbeitrag eine Aufgabe leistet, welche Bearbeitungstiefe angemessen ist und welche Ressourcen diese Entscheidung dauerhaft bindet oder freisetzt.
- **Begrenzung statt Steuerung im Detail:** Entscheidungsformate dienen nicht der operativen Feinsteuerung, sondern der Setzung von Rahmen, Prioritäten und Grenzen.
- **Verbindlichkeit durch Wiederholung:** Effizienz wird nicht einmal diskutiert, sondern regelmäßig, auch dann, wenn kein akuter Handlungsdruck besteht.

4. Erfolgsindikatoren

- Effizienz wird in zentralen Entscheidungsformaten selbstverständlich thematisiert.
- Führungskräfte erwarten und akzeptieren Effizienzfragen als Teil der Entscheidungsvorbereitung.
- Priorisierungs- und Begrenzungsentscheidungen werden nachvollziehbar getroffen.
- Entscheidungen bleiben über Zeit stabil und werden nicht informell unterlaufen.

Reflexionsfragen

- In welchen konkreten Gremien oder Formaten werden in Ihrer Organisation Priorisierungsentscheidungen tatsächlich getroffen?
- Wird Effizienz dort systematisch thematisiert – oder nur bei akuter Überlastung?
- Gibt es klare Kriterien, nach denen Aufgaben mit hohem und geringem Wirkbeitrag unterschieden werden?
- Werden Standards bewusst festgelegt – oder historisch fortgeschrieben?
- Wo werden Entscheidungen vertagt, weil der Entscheidungsrahmen unklar ist?

8.2 Baustein 2: Regelkommunikation neu aufsetzen

1. Funktion des Bausteins in der Umsetzungsarchitektur

Entscheidungen allein reichen nicht aus, um Effizienz wirksam werden zu lassen. Sie entfalten ihre Wirkung erst dann, wenn sie im Alltag verständlich, wiederholbar und anschlussfähig kommuniziert werden. Genau hier setzt dieser Baustein an. Regelkommunikation sorgt dafür, dass Effizienz nicht nur punktuell entschieden, sondern dauerhaft präsent gehalten wird. Während Entscheidungsformate klären, was gilt, beantwortet Regelkommunikation die Frage, wie Führung diesen Rahmen im Alltag sichtbar macht. Sie schafft Orientierung für Führungskräfte sowie Mitarbeitende und verhindert, dass Effizienzentscheidungen informell relativiert oder stillschweigend unterlaufen werden.

2. Ziel des Bausteins

Ziel des Bausteins ist es, Effizienz als wiederkehrenden Bezugspunkt der Führungskommunikation zu etablieren. Führungskräfte sollen Effizienz nicht nur bei besonderen Anlässen thematisieren, sondern regelmäßig und selbstverständlich in ihren Kommunikationsroutinen aufgreifen. Regelkommunikation schafft Verlässlichkeit, indem sie Mitarbeitenden zu verstehen hilft, woran sie sich orientieren sollen, und entlastet Führungskräfte davon, Priorisierungen ständig neu rechtfertigen zu müssen.

3. Zentrale Hebel und Maßnahmen

- **Klärung zentraler Kommunikationsanlässe:** Identifikation der Formate, in denen Führung regelmäßig mit Mitarbeitenden über Effizienzentscheidungen kommuniziert (Teamrunden, Bereichsbesprechungen, Jahresgespräche).

- **Verankerung von Effizienz als wiederkehrendes Thema:** Effizienz wird nicht als Sonderthema behandelt, sondern als selbstverständlicher Teil dieser Formate aufgegriffen, etwa bei der Einordnung von Arbeitsaufkommen, Prioritäten oder neuen Anforderungen.
- **Konsistente Botschaften statt Einzelfallargumente:** Führungskräfte greifen auf wiederkehrende, verständliche Argumentationslinien zurück, statt Einzelfallentscheidungen jedes Mal neu und situativ zu begründen.
- **Trennung von Entscheidung und Erläuterung:** Regelkommunikation dient nicht dazu, Entscheidungen auszuhandeln, sondern sie einzuordnen und verständlich zu machen. Diskussionen über Grundsatzentscheidungen gehören in Entscheidungsformate, nicht in den Arbeitsalltag.
- **Anschlussfähigkeit über Ebenen hinweg sicherstellen:** Botschaften zur Effizienz sind über Führungsebenen hinweg anschlussfähig formuliert, sodass sie nicht auf jeder Ebene neu interpretiert oder abgeschwächt werden.

4. Erfolgsindikatoren einer gelungenen Umsetzung

- Führungskräfte sprechen regelmäßig und selbstverständlich über Prioritäten und Begrenzungen.
- Mitarbeitende wissen, woran sie ihre Arbeit ausrichten sollen.
- Effizienzentscheidungen werden im Alltag nicht ständig neu infrage gestellt.
- Führungskommunikation wirkt entlastend statt erklärungsbedürftig.

Reflexionsfragen

- Wird Effizienz regelmäßig in Führungs- und Teamformaten aufgegriffen – oder nur bei Konflikten?
- Erklären Führungskräfte Priorisierungsentscheidungen nachvollziehbar?
- Wird der Zusammenhang zwischen Wirkung, Ressourceneinsatz und Bearbeitungstiefe transparent gemacht?
- Gibt es ein gemeinsames Verständnis darüber, warum nicht alle Aufgaben gleich behandelt werden können?
- Wo entstehen Missverständnisse, weil die Logik nicht konsequent kommuniziert wird?

8.3 Baustein 3: Wirkung rückkoppeln

1. Funktion des Bausteins in der Umsetzungsarchitektur

Effizienz bleibt abstrakt, solange eine Verwaltung nicht überprüfen kann, was ihre Entscheidungen tatsächlich bewirken. Ohne Rückkopplung entsteht Steuerung im Blindflug, mit der Folge, dass Aufgaben fortgeführt, Standards beibehalten und Prozesse optimiert werden, ohne zu prüfen, ob der eingesetzt Aufwand den gewünschten Beitrag leistet.

2. Ziel des Bausteins

Ziel ist es, Wirkung sichtbar zu machen und sie systematisch in Steuerungsentscheidungen einzubeziehen. Führungskräfte sollen erkennen können, wo Aufwand gerechtfertigt ist, wo nachjustiert werden muss und wo Ressourcen gebunden werden, ohne einen nennenswerten Beitrag zu leisten. Wirkungen rückzukoppeln dient nicht der Kontrolle einzelner Mitarbeitender, sondern der Weiterentwicklung von Aufgaben, Standards und Prioritäten.

3. Zentrale Hebel und Maßnahmen

- **Definition relevanter Wirkungsdimensionen:** Festlegung weniger, klarer Bewertungsperspektiven wie die wahrgenommene Entlastung im Alltag, Reduktion von Koordinations- und Abstimmungsaufwand, Klarheit über Zuständigkeiten und Prioritäten, Steuerbarkeit von Arbeitsvolumen und Standards.
- **Regelmäßige qualitative Rückmeldeschleifen:** Einbindung strukturierter Rückmeldungen aus der operativen Führungsebene, den Fachbereichen, von Mitarbeitenden beispielsweise über bestehende Führungs- oder Bereichsgespräche oder qualitative Umfragen zum Belastungsempfinden und zur Aufgabenklarheit.
- **Gezielte Nutzung einfacher quantitativer Indikatoren:** Ergänzende Nutzung weniger, leicht verfügbarer Daten wie Durchlaufzeiten, Fallzahlenentwicklung, Rückstände, ohne diese zu überinterpretieren oder zur ausschließlichen Messgröße von Belastung zu machen.
- **Verknüpfung von Rückmeldung und Entscheidung:** Sicherstellung, dass Rückkopplung zu Anpassungen durch die Überprüfung von Standards, Nachjustierung von Prioritäten, die Akzeptanz bestimmter Effekte führen.
- **Transparente Kommunikation der Erkenntnisse:** Rückmeldung an Führungskräfte und Mitarbeitende darüber, welche Effekte erzielt wurden und welche Konsequenzen daraus gezogen werden.

4. Erfolgsindikatoren

- Führungskräfte sprechen regelmäßig über Wirkung und nicht über Auslastung.
- Entscheidungen werden angepasst, wenn der erwartete Beitrag ausbleibt.
- Aufgaben mit geringem Wirkbeitrag werden sichtbar und hinterfragbar.
- Mitarbeitende erleben Rückkopplung als Orientierung, nicht als Kontrolle.

Reflexionsfragen

- Wird Wirkung systematisch betrachtet – oder überwiegend Aufwand und Fallzahlen?
- Welche Rückmeldungen aus der Praxis fließen in Entscheidungen ein?
- Werden Priorisierungsentscheidungen überprüft und gegebenenfalls angepasst?
- Wird Wirkung zur Weiterentwicklung genutzt – oder nur zur Rechtfertigung bestehender Strukturen?
- Wo fehlt Transparenz über tatsächliche Effekte des Verwaltungshandelns?

8.4 Baustein 4: Führung qualifizieren und befähigen

1. Funktion des Bausteins in der Umsetzungsarchitektur

Die Steuerungslogik der Verwaltungseffizienz-Analyse (VEA) entfaltet ihre Wirkung nur dann, wenn Führungskräfte dazu in der Lage sind, sie im Alltag anzuwenden. Effizienz entsteht nicht automatisch aus Regeln, Formaten oder Instrumenten, sondern dort, wo Führungskräfte Aufgaben priorisieren, Standards differenzieren, Entscheidungen vertreten und Unsicherheit aushalten. Dieser Baustein stellt sicher, dass Führungskräfte auf allen Ebenen handlungsfähig werden. Qualifizierung bedeutet hier nicht Schulung im klassischen Sinne, sondern die gezielte Entwicklung von Fähigkeiten, die für eine effizienzorientierte Steuerung erforderlich sind.

2. Ziel des Bausteins

Ziel ist es, sicherzustellen, dass Führungskräfte dazu in die Lage versetzt werden, ihre Rollen in der neuen Steuerungslogik bewusst und souverän auszufüllen. Sie sollen Entscheidungen nicht nur nachvollziehen, sondern selbst treffen, begründen und vertreten können, auch dann, wenn diese Entscheidungen Priorisierungen, Begrenzungen oder Abweichungen von bisherigen Standards beinhalten. Führung wird damit zur tragenden Säule der VEA-Steuerungslogik, nicht zu ihrem Ausführungsorgan.

3. Konkrete Maßnahmen für die Implementierung

- **Klärung der Führungsrollen im Effizienzkontext:** Führungskräfte erhalten Klarheit darüber, was von ihnen erwartet wird und kennen ihre jeweiligen Aufgaben.
- **Qualifizierung entlang realer Entscheidungssituationen:** Qualifizierung setzt an konkreten Fragestellungen aus dem Führungsalltag an, etwa bei der Bewertung von Aufgaben, der Festlegung von Bearbeitungstiefen oder dem Umgang mit Zielkonflikten.
- **Stärkung der Entscheidungskompetenz:** Führungskräfte werden darin unterstützt, Entscheidungen zu treffen und Verantwortung zu übernehmen, auch wenn nicht alle Folgen vollständig absehbar sind.
- **Umgang mit Widerständen und Konflikten:** Führungskräfte lernen, Konflikte nicht zu vermeiden, sondern als Bestandteil effizienter Steuerung zu führen und auszuhalten.
- **Anschlussfähigkeit über Führungsebenen hinweg:** Qualifizierung berücksichtigt die unterschiedlichen Rollen von Verwaltungsleitung, mittlerem Management und operativer Führungsebene und sorgt für ein gemeinsames Verständnis über die VEA-Steuerungslogik.

4. Erfolgsindikatoren

- Führungskräfte treffen nachvollziehbare Priorisierungsentscheidungen.
- Entscheidungen werden vertreten und nicht nach unten delegiert oder relativiert.

- Konflikte über Aufgaben, Standards und Ressourcen werden geführt und nicht vermieden.
- Führungskräfte erleben sich als gestaltend, nicht als reaktiv.

Reflexionsfragen

- Verstehen Führungskräfte ihre Rolle als aktive Priorisierer – oder als Moderatoren von Erwartungsausgleich?
- Können Führungskräfte Entscheidungen treffen und vertreten, auch wenn diese nicht konsensfähig sind?
- Gibt es Räume, in denen Führung reale Entscheidungssituationen reflektieren kann?
- Wird Unsicherheit als Teil von Führung akzeptiert – oder vermieden?
- Wo benötigen Führungskräfte gezielte Unterstützung, um die Steuerungslogik wirksam anzuwenden?

8.5 Baustein 5: Rhythmen und Wiederholung etablieren

1. Kurzbeschreibung des Bausteins

Effizienz entsteht nicht durch einzelne Entscheidungen oder punktuelle Initiativen, sondern durch dauerhafte Aufmerksamkeit. Ohne feste Rhythmen verliert selbst eine klare Steuerungslogik an Wirkung. Entscheidungen werden verdrängt, Prioritäten verschieben sich stillschweigend und Effizienz tritt hinter akute Anforderungen zurück. Dieser Baustein sorgt dafür, dass Effizienz nicht vom Tagesgeschäft überholt, sondern regelmäßig und verlässlich aufgegriffen wird. Rhythmen und Wiederholungen geben der Umsetzungsarchitektur Stabilität und machen Effizienz zu einem festen Bestandteil der Verwaltungssteuerung.

2. Ziel des Bausteins

Ziel ist es, Effizienz dauerhaft präsent zu halten, ohne sie permanent thematisieren und begründen zu müssen. Wiederkehrende Formate und Zeitpunkte schaffen Verlässlichkeit und entlasten Führungskräfte, indem sie Effizienzarbeit planbar und erwartbar machen.

3. Zentrale Hebel

- **Festlegung regelmäßiger Effizienz-Prüfpunkte:** Definition fester Zeitpunkte, an denen geprüft wird, welche neuen Aufgaben hinzugekommen sind, welche Standards sich schleichend erhöht haben, wo Vereinfachung oder Reduktion notwendig ist.
- **Verknüpfung der VEA-Logik mit bestehenden Steuerungszyklen:** Bestehende Steuerungszyklen werden dazu genutzt, getroffene Entscheidungen über die Zeit stabil zu halten, nicht dazu, sie jedes Mal neu auszuhandeln.
- **Verbindliche Wiederholung zentraler Entscheidungsfragen:** Sicherstellung, dass bei jeder relevanten Entscheidung dieselben Kernfragen gestellt werden, unabhängig von Person oder Anlass. Effizienz wird dadurch zur Gewohnheit.

- **Bewusster Umgang mit Ausnahmen:** Klärung, wie mit zeitlich begrenzten oder sachlich begründeten Abweichungen umgegangen wird, ohne dass sie zum neuen Standard werden. Ausnahmen bleiben sichtbar und überprüfbar.
- **Schutz vor Aktionismus:** Festlegung klarer Kriterien, wann neue Initiativen gestartet werden und wann bewusst nicht. Rhythmen schaffen Ruhe und verhindern reflexartige Reaktionen auf Einzelereignisse.

4. Erfolgsindikatoren

- Effizienz wird regelmäßig und ohne besonderen Anlass thematisiert.
- Entscheidungen werden überprüft und bei Bedarf angepasst.
- Führungskräfte erleben Effizienzarbeit als strukturiert, nicht als Zusatzbelastung.
- Prioritäten bleiben über längere Zeit stabil.

Reflexionsfragen

- Gibt es feste Zeitpunkte, an denen Priorisierungen überprüft werden?
- Werden Entscheidungen über die Zeit stabil gehalten – oder schleichend relativiert?
- Ist Effizienz Teil regelmäßiger Steuerungsgespräche?
- Werden getroffene Entscheidungen erneut aufgerufen, bevor neue Initiativen gestartet werden?
- Wo verliert die Organisation über die Zeit den Fokus auf ihre eigenen Prioritäten?

8.6 Baustein 6: Rückhalt und Legitimation sichern

1. Funktion des Bausteins in der Umsetzungsarchitektur

Effizienzentscheidungen greifen tief in bestehende Routinen, Erwartungen und Interessen ein. Sie stoßen daher zwangsläufig auf Widerstand – fachlich, organisatorisch und politisch. Die VEA-Steuerungslogik entfaltet nur dann ihre Wirkung dauerhaft, wenn Entscheidungen getragen und geschützt werden. Ohne Rückhalt geraten sie unter Rechtfertigungsdruck oder werden informell revidiert. Dieser Baustein stellt sicher, dass Effizienzentscheidungen nicht isoliert getroffen, sondern institutionell abgesichert werden. Rückhalt und Legitimation sind keine Begleiterscheinungen der Umsetzungsarchitektur, sondern eine aktive Führungsaufgabe, die Effizienz vor Rückzug, Verwässerung oder Blockade schützt.

2. Ziel des Bausteins

Ziel ist es, Effizienzentscheidungen legitim und durchhaltbar zu machen. Führungskräfte sollen sich bei priorisierenden und begrenzenden Entscheidungen auf einen klaren Rahmen berufen können, und dies intern wie extern. Effizienz wird damit nicht als individuelle Zumutung wahrgenommen, sondern als getragenes organisatorisches Prinzip.

3. Konkrete Maßnahmen zur Implementierung

- **Klärung der Rolle der politischen Ebene:** Verständigung darüber, welche Rolle Politik in der VEA-Steuerungslogik einnimmt, insbesondere hinsichtlich der grundsätzlichen Unterstützung des Effizienzanspruchs, der Akzeptanz von Priorisierung und Differenzierung sowie des Vermeidens von operativer Einmischung in Einzelfälle. Effizienz wird politisch legitimiert, ohne polarisiert zu werden.
- **Explizites Bekenntnis der Verwaltungsleitung:** Die Verwaltungsleitung formuliert Effizienz klar nach innen und außen und macht deutlich, dass Differenzierung von Aufgaben und Standards für die Leistungsfähigkeit der Verwaltung notwendig und gewollt ist.
- **Transparente Kommunikation von Zielkonflikten:** Offene Benennung von Spannungen zwischen Leistungsanspruch und Ressourcen, Qualität und Geschwindigkeit sowie Vollständigkeit und Steuerbarkeit. Ziel ist nicht Konfliktvermeidung, sondern für alle Stakeholder nachvollziehbare Entscheidungen.
- **Schaffung gemeinsamer Narrative:** Entwicklung klarer, konsistenter Begründungen für Effizienzentscheidungen mit Antworten zu der Notwendigkeit von Vereinfachung, der Benennung unterschiedlicher Relevanz von Aufgaben sowie der Erläuterung, warum Begrenzung Gestaltung ermöglicht. Diese Narrative werden von Führung einheitlich getragen.
- **Absicherung der operativen Führungsebene:** Sicherstellung, dass operative Führungskräfte bei der Umsetzung von Effizienzentscheidungen nicht allein gelassen werden, insbesondere durch Rückhalt bei Beschwerden und Eskalationen, klare Eskalationswege und Unterstützung bei Konflikten mit internen und externen Anspruchsgruppen.
- **Umgang mit Rückschritten bewusst gestalten:** Festlegung, wie mit Rücknahmen oder Anpassungen umgegangen wird, ohne den Effizienzanspruch insgesamt infrage zu stellen. Korrektur wird als Teil des Lernprozesses verstanden, nicht als Scheitern durch Fehlentscheidung.

4. Erfolgsindikatoren

- Effizienzentscheidungen werden öffentlich und intern vertreten.
- Führungskräfte berufen sich sichtbar auf den gesetzten Rahmen.
- Entscheidungen bleiben auch bei Kritik stabil.
- Politische Rückkopplungen führen zur Klärung, nicht zur Rücknahme.

Reflexionsfragen

- Ist Effizienz politisch und administrativ als Ziel ausdrücklich mitgetragen?
- Können Führungskräfte sich auf einen klaren Rahmen berufen?
- Werden priorisierende Entscheidungen bei Kritik verteidigt – oder zurückgenommen?
- Gibt es informelle Ausnahmen, die die Steuerungslogik unterlaufen?
- Wo ist der Rückhalt für unbequeme Entscheidungen unsicher oder konditional?

8.7 Der Umsetzungsfahrplan und seine Phasen

Die vorangegangenen Bausteine beschreiben, was eine tragfähige Umsetzungsarchitektur für die VEA-Steuerungslogik ausmacht. Sie benennen die Handlungsfelder, die dauerhaft bearbeitet werden müssen, damit Effizienz nicht punktuell, sondern strukturell wirkt.

Für die Praxis stellt sich nun die Frage, wie man mit der Umsetzung beginnt und dabei handlungsfähig bleibt, ohne die Organisation weiter zu überfordern. Dieser Umsetzungsfahrplan übersetzt die Architektur in ein zeitlich und inhaltlich schlüssiges Vorgehen. Er folgt bewusst keiner Projektlogik, sondern einer phasenorientierten Entwicklung. Die Phasen bauen aufeinander auf, überschneiden sich teilweise und gewinnen im Zeitverlauf an Tiefe. Entscheidend ist nicht die formale Abfolge, sondern die logische Schwerpunktsetzung. Jede Phase stellt eigene Anforderungen an Führung und Organisation, da sie sich jeweils durch unterschiedliche Reifegrade im Denken, Entscheiden und Handeln auszeichnet. Wer versucht, Phasen zu überspringen, riskiert Überforderung oder den Rückfall in alte Handlungsmuster. Der folgende Fahrplan beschreibt die Phasen daher bewusst entlang einer Entwicklungslogik, hilft einzuordnen, wo eine Organisation steht, und zeigt auf, welche Maßnahmen in dieser Phase sinnvoll und anschlussfähig sind.

8.7.1 Phase 1: Klärung und Setzung

1. Reifegrad der Organisation
In dieser Phase ist Effizienz meist ein abstraktes Ziel. Die Organisation ist stark reaktiv, geprägt von Überlastung und Einzelfalllogik sowie dem Anspruch, alles gleichermaßen korrekt zu erledigen. Entscheidungen werden häufig situativ getroffen, Priorisierung erfolgt implizit oder gar nicht. Führungskräfte spüren Handlungsdruck, verfügen aber über wenig Orientierung, worauf sie sich bei begrenzenden Entscheidungen berufen können. Die zentrale Herausforderung dieser Phase besteht nicht in Maßnahmen, sondern in Klarheit, was künftig gelten soll und was nicht.

2. Zentrale Maßnahmen und konkrete Umsetzung
Formate der Phase 1 sind bewusst bestehende Formate oder einmalige, klar umgrenzte Themenklausuren. Es geht nicht um Programme oder Projektstrukturen, sondern um Orientierung, Klarheit und Rückhalt, die die folgenden Phasen erst möglich machen.

- **Effizienz als verbindliche Führungsentscheidung setzen:** Die Verwaltungsleitung positioniert Effizienz als Steuerungsziel. Dies geschieht nicht programmatisch, sondern in einem bestehenden zentralen Führungsformat. Entscheidend ist die klare Aussage, dass Priorisierung, Differenzierung und begrenzte Bearbeitungstiefen ausdrücklich im Sinne einer handlungsfähigen Verwaltung gewollt sind.

Formatvorschlag: Durchführung einer Führungskräfteklausur der Verwaltungsleitung unter einem klaren Leitthema, beispielsweise »Verwaltung handlungsfähiger machen – Priorisierung, Wirkung und Verantwortung«. Die Klausur dient nicht der Ideensammlung, sondern der klaren Setzung, welche Steuerungslogik künftig gilt und worauf sich Führungskräfte berufen können.

- **Entscheidungsräume definieren:** In einem überschaubaren Arbeitsprozess wird festgelegt, in welchen Formaten künftig über Aufgabenpriorisierung, Standards und Ressourceneinsatz entschieden wird und welche Entscheidungskaskaden über die Führungsebenen hinweg genutzt werden. Führungskräfte erhalten Orientierung, wo Entscheidungen getroffen werden und wo nicht.
  Formatvorschlag: In einer halbtägigen Arbeitsklausur der Verwaltungsspitze (Verwaltungsleistung, Dezernatsleitungen, ggf. zentrale Steuerung) wird gemeinsam festgehalten, in welchen bestehenden Formaten über Priorisierung und Standards entschieden wird und welche Formate ausdrücklich nicht dafür vorgesehen sind. Das Ergebnis wird als kurze Orientierung festgehalten und in die Führungsebenen kommuniziert.
- **Rückhalt klären und sichtbar machen:** Die politische Ebene wird frühzeitig eingebunden, um den grundsätzlichen Effizienzanspruch zu bestätigen. Wichtig ist die Verständigung darüber, dass operative Einzelsteuerung nicht Teil dieser Rolle ist.
  Formatvorschlag: In einem strategischen Abstimmungsformat zwischen Verwaltungsleitung und politischer Spitze (z. B. Fraktionsvorsitzende, Hauptausschuss, Ältestenrat) wird Effizienz als Ziel bestätigt. Wichtig ist ein klares gemeinsames Verständnis, das politischen Rückhalt für Priorisierung sichert und operative Einzelfallsteuerung verhindert.
- **Erwartung an Führung kommunizieren:** Führungskräfte werden darüber informiert, dass von Ihnen künftig Entscheidungen erwartet werden, nicht Interessenausgleich oder Absicherung. Diese Kommunikation schafft die Grundlage für spätere Schritte.
  Formatvorschlag: In einer zentralen Führungskräfteversammlung (ggf. digital) oder über eine gezielte interne Botschaft der Verwaltungsleitung (Rundschreiben, Videobotschaft) wird erläutert, welche Rolle Führungskräfte einnehmen sollen, welche Entscheidungen ausdrücklich erwartet werden und dass Unsicherheit und Abwägung Teil der neuen Steuerungslogik sind.

Reflexionsfragen

Standortbestimmung

- Ist Effizienz in Ihrer Organisation ein klar definiertes Steuerungsziel – oder ein allgemeines Leitmotiv ohne konkrete Konsequenz?
- Wissen Führungskräfte, worauf sie sich bei priorisierenden Entscheidungen berufen können?

Steuerungsfähigkeit
- Ist eindeutig geklärt, wo über Aufgabenpriorisierung und Standards entschieden wird – und wo nicht?
- Wird politischer Rückhalt aktiv gesichert oder implizit vorausgesetzt?

Entwicklungsrichtung
- Was hindert die Organisation aktuell daran, klare Priorisierungsentscheidungen zu treffen?
- Welche impliziten Erwartungen (z. B. Gleichbehandlung aller Aufgaben) stehen einer klaren Setzung entgegen?

8.7.2 Phase 2: Fokussierung und erste Priorisierung

1. Reifegrad der Organisation

Die Organisation beginnt, Effizienz nicht nur zu benennen, sondern anzuwenden. Erste Unsicherheiten treten offen zutage. Führungskräfte fragen sich, wie weit sie gehen können, wo Widerstand entsteht und wie Entscheidungen begründet werden müssen. Gleichzeitig wird spürbar, dass nicht alles gleichzeitig bearbeitet werden kann. Diese Phase ist geprägt von Erprobung, die neue Logik wird getestet, oft noch vorsichtig und exemplarisch.

2. Zentrale Maßnahmen und konkrete Umsetzung

Die Formate der Phase 2 sind bewusst kleinteilig und alltagsnah. Sie ermöglichen Lernen durch Anwendung, ohne zusätzliche Strukturen zu schaffen. Entscheidend ist, dass Führungskräfte erste Entscheidungen vertreten, auch wenn diese noch nicht perfekt sind.

- **Gezielte Auswahl von Aufgabenbereichen:** Führungskräfte konzentrieren sich bewusst auf einzelne Aufgaben oder Verfahren, an denen sie die neue Logik anwenden. Ziel ist nicht Vollständigkeit, sondern Lernerfahrungen.
  Formatvorschlag: Im Rahmen einer regelmäßigen Führungskräfterunde auf Dezernats- oder Fachbereichsebene wird bewusst ein überschaubarer Aufgabenbereich ausgewählt, an dem die neue Steuerungs- und Entscheidungslogik exemplarisch angewendet wird. Dabei sollten zunächst Aufgaben mit einem hohen Ressourcenverbrauch ausgewählt werden, da deren Optimierung einen starken Hebel für mehr wirtschaftliche Handlungsfähigkeit darstellt.
- **Erste Priorisierungsentscheidungen treffen:** In bestehenden Entscheidungsformaten werden bewusst Aufgaben mit geringerem Wirkbeitrag identifiziert und mit einer reduzierten Bearbeitungstiefe neu justiert. Diese Entscheidungen werden nicht versteckt, sondern transparent kommuniziert.
  Formatvorschlag: Im Rahmen eines bestehenden Formats erfolgt eine erste kursorische Analyse des Aufgabenportfolios zur Identifizierung von Aufgaben mit (vermutlich) geringem Wirkbeitrag, um hier über eine Reduktion von Standards und der

Bearbeitungstiefe zu sprechen. Treffen erster Entscheidungen für die praktische Umsetzung. Ziel sind Quick Wins, keine Aufträge zur tiefergehenden Analyse.

- **Wirkung pragmatisch betrachten:** Wirkung wird über niedrigschwellige, konkrete Rückmeldungen aus der Praxis eingeschätzt. Hierbei geht es um Erfahrungen aus dem täglichen Verwaltungshandeln, Hinweise aus der Fallbearbeitung oder Rückmeldungen von Mitarbeitenden. Ziel ist eine erste Orientierung und keine Messgenauigkeit.
  Formatvorschlag: Im Rahmen einer kurzen Reflexionssequenz in einer Führungskräfterunde berichten Führungskräfte aus der Praxis, wo Entlastung spürbar wird, wo Reibung entsteht und welche Wirkungen beobachtet werden. Die Rückmeldungen erfolgen bewusst qualitativ und werden gesammelt, ohne eine tiefergehende formale Auswertung.
- **Führungskräfte entlang des Prozesses qualifizieren:** Entscheidungen werden im Stil einer kollegialen Fallberatung gemeinsam reflektiert, etwa in Führungskräfterunden, die es ermöglichen aus konkreten Fällen zu lernen und nicht aus abstrakten Schulungen.
  Formatvorschlag: In einem Führungskräftekollegium oder moderierten Erfahrungsaustausch werden reale Entscheidungssituationen gemeinsam reflektiert. Einzelne Führungskräfte schildern konkrete Fällen, an denen gemeinsam nachvollzogen wird, wie Priorisierung und Wirkungsorientierung angewendet wurden. Es können auch Fälle eingebracht werden, in denen sich Führungskräfte im Vorfeld kollegiale Beratung wünschen, um anschließend eine Entscheidung treffen zu können.

Reflexionsfragen

Standortbestimmung

- Werden Aufgaben bereits nach ihrem Wirkbeitrag differenziert – oder dominiert weiterhin der Anspruch maximaler Bearbeitungstiefe?
- Gibt es erste sichtbare Beispiele für bewusst reduzierte Standards?

Steuerungsfähigkeit

- Treffen Führungskräfte tatsächlich priorisierende Entscheidungen – oder werden Entscheidungen vermieden bzw. vertagt?
- Werden Priorisierungsentscheidungen transparent kommuniziert und erläutert?

Entwicklungsrichtung

- In welchen Aufgabenfeldern könnte die neue Logik exemplarisch angewendet werden?
- Wo zeigt sich Widerstand – und worauf verweist dieser strukturell?

8.7.3 Phase 3: Umsetzung und Stabilisierung

1. Reifegrad der Organisation

Die Organisation hat erste Priorisierungen vorgenommen und erlebt Entlastung; zugleich steigt der Anspruch an Verlässlichkeit. Entscheidungen dürfen nicht mehr situ ativ relativiert werden. Der Fokus verschiebt sich von der Frage, ob priorisiert wird, hin zu der Frage, wie diese Priorisierung dauerhaft trägt. Diese Phase verlangt Konsequenz und Stabilität.

2. Zentrale Maßnahmen und konkrete Umsetzungsschritte
Die Formate der Phase 3 zielen auf Verlässlichkeit und Durchhaltefähigkeit. Diese helfen, die neue Steuerungslogik gegen Alltagsdruck, Einzelfallinterventionen und Rückfallmechanismen abzusichern, ohne zusätzliche Bürokratie zu erzeugen.

- **Prozesse gezielt anpassen:** Auf Basis der priorisierten Aufgaben werden Prozesse dort vereinfacht, wo geringere Bearbeitungstiefen akzeptiert sind. Es geht nicht um umfassende Prozessoptimierung, sondern um Entlastung an relevanten Stellen.
  Formatvorschlag: Im Rahmen eines fachbereichsbezogenen Arbeitsformats (z. B. Workshop mit Führungskräften und ausgewählten Mitarbeitenden) werden einzelne Prozesse gezielt betrachtet, bei denen bereits Priorisierungsentscheidungen getroffen wurden. Der Fokus liegt nicht auf vollständiger Prozessbeschreibung, sondern auf der Frage, wo Schritte entfallen oder vereinfacht werden können, ohne den Wirkbeitrag der Aufgabe zu gefährden.
- **Automatisierung und Digitalisierung fokussiert einsetzen:** Technische Lösungen werden dort genutzt, wo Aufgaben klar, wiederkehrend und standardisierbar sind. Komplexe oder wirkungsrelevante Tätigkeiten bleiben bewusst außerhalb der Automatisierung.
  Formatvorschlag: In einem gemeinsamen Arbeitsformat von Fachbereich und IT (z. B. strukturierter Abstimmungstermin oder Kurzworkshop) werden klar umrissene Aufgaben identifiziert, die sich für technische Unterstützung eignen. Die Auswahl folgt ausdrücklich auf der Grundlage der zuvor getroffenen Priorisierung und nicht umgekehrt entlang der technischen Machbarkeit.
- **Rhythmen etablieren:** Bestehende Steuerungsformate werden genutzt, um Entscheidungen regelmäßig wieder aufzurufen. Ziel ist es, Priorisierungen hinsichtlich ihres Effizienzeffekts zu überprüfen und ggf. nachzuschärfen, nicht obsolet zu stellen oder neu auszuhandeln.
  Formatvorschlag: Integration als Tagesordnungspunkt in Formate wie Jahresgespräche, Quartalsrunden oder Bereichsreviews, um getroffene Priorisierungsentscheidungen hinsichtlich ihrer Entlastungswirkung zu überprüfen und ggf. zu bestätigen oder nachzuschärfen.
- **Entscheidungen dauerhaft absichern:** Führungskräfte stimmen sich über Ebenen hinweg ab, um informelle Ausnahmen in der Praxis zu vermeiden. Rückhalt wird aktiv eingefordert und genutzt.
  Formatvorschlag: In einer abgestimmten Führungskräfterunde über mehrere Ebenen hinweg (z. B. Verwaltungsleitung und mittleres Management) wird offen reflektiert, wo Entscheidungen unter Druck geraten. Gemeinsam wird geklärt, wie Führung in diesen Fällen Rückhalt organisiert und informelle Ausnahmen vermieden werden können.

Reflexionsfragen

Standortbestimmung

- Werden getroffene Priorisierungen im Alltag konsequent eingehalten – oder informell relativiert?
- Sind Prozesse bereits an differenzierte Bearbeitungstiefen angepasst?

Steuerungsfähigkeit

- Gibt es feste Rhythmen, in denen Entscheidungen überprüft werden?
- Wird Rückhalt aktiv organisiert, wenn Entscheidungen unter Druck geraten?

Entwicklungsrichtung

- Wo entstehen derzeit Rückfallmechanismen in alte Muster?
- Welche Bereiche benötigen gezielte Stabilisierung, bevor weitere Schritte erfolgen?

8.7.4 Phase 4: Verstetigung und Weiterentwicklung

1. Reifegrad der Organisation

Effizienz auf Basis der VEA-Steuerungslogik ist Teil des Verwaltungsalltags geworden und gehört zum täglichen Verwaltungshandeln unverzichtbar dazu. Die Organisation ist dazu in der Lage, Aufgaben, Standards und Prozesse regelmäßig zu überprüfen, ohne in Grundsatzdebatten zu verfallen. Führungskräfte handeln souveräner, Unsicherheit wird besser ausgehalten. Der Fokus liegt nun auf Weiterentwicklung, statt auf Rechtfertigung.

2. Zentrale Maßnahmen und konkrete Umsetzung

Die Formate der Phase 4 sichern, dass Effizienz kein Ausnahmezustand bleibt, sondern Teil der normalen Verwaltungssteuerung wird. Weiterentwicklung erfolgt nicht durch neue Initiativen, sondern durch bewusste Anpassung innerhalb eines stabilen Rahmens.

- **Regelmäßige Rückschau etablieren:** In größeren Abständen wird bewusst geprüft, welche Priorisierungen weiterhin tragen und wo Anpassungen notwendig sind.
  Formatvorschlag: Im Rahmen einer jährlichen oder zweijährlichen Führungskräfteklausur wird bewusst eine Rückschau auf zentrale Priorisierungsentscheidungen vorgenommen. Eine zielführende Frage könnte sein, welche Entscheidungen weiterhin tragen und wo sich Rahmenbedingungen so verändert haben, dass Anpassungen notwendig sind. Die Klausur dient nicht der Evaluation im technischen Sinn, sondern der gemeinsamen Einordnung hinsichtlich der aktuellen Anforderungen an die Verwaltung sowie deren Bedeutung für das Verwaltungshandeln in der Zukunft hinsichtlich Leistungsfähigkeit und Ressourceneinsatz.
- **Wirkung als Orientierungsgröße nutzen:** Wirkung dient dazu, Entscheidungen weiterzuentwickeln, nicht dazu, vorangegangene Entscheidungen zu rechtfertigen.
  Formatvorschlag: In regelmäßigen Steuerungs- oder Zielgesprächen greifen Führungskräfte Wirkung gezielt auf, um Entwicklungen zu reflektieren. Dabei werden

keine Kennzahlen in den Blick genommen, sondern die Bewertung erfolgt anhand definierter qualitativer Erfolgsindikatoren, um zu überprüfen, wo sich Aufwand spürbar reduziert hat oder Gestaltungsspielräume gewonnen wurden.

- **VEA-Steuerungslogik pflegen, nicht ersetzen:** Neue Anforderungen werden in die bestehende Logik integriert, statt neue Programme oder Sonderstrukturen aufzubauen.

  Formatvorschlag: In periodischen Abstimmungen zwischen Verwaltungsleitung und Führungsebenen (z. B. im Rahmen von Strategierunden) wird geprüft, ob neue Anforderungen oder politische Erwartungen innerhalb der bestehenden VEA-Logik bearbeitet werden müssen, statt neue Sonderformate oder Programme aufzusetzen.

Reflexionsfragen

Standortbestimmung
- Ist Effizienz fester Bestandteil der normalen Verwaltungssteuerung – oder abhängig von einzelnen Personen?
- Wird Wirkung als Orientierungsgröße genutzt, um Weiterentwicklungen zu begründen?

Steuerungsfähigkeit
- Können neue Anforderungen innerhalb der bestehenden Steuerungslogik integriert werden?
- Wird Priorisierung regelmäßig überprüft, ohne Grundsatzdebatten auszulösen?

Entwicklungsrichtung
- Wo besteht die Gefahr, in Routinen zu erstarren?
- Welche nächsten Entwicklungsschritte würden die Organisation resilienter und handlungsfähiger machen?

Die Umsetzungsbausteine und der phasenorientierte Umsetzungsplan dieses Kapitels zeigen, wie Verwaltungen die neue VEA-Steuerungs- und Entscheidungslogik praktisch anwenden können, indem sie konkrete Ansatzpunkte beschreiben, mit der Effizienz im Alltag wirksam werden kann. Gleichzeitig machen sie deutlich, dass keine dieser Maßnahmen für sich genommen trägt, wenn sie nicht durch Führung verantwortet wird. Effizienz lässt sich nicht einführen, delegieren oder technisch absichern, sondern sie entsteht dort, wo Entscheidungen getroffen, Prioritäten gesetzt und Grenzen akzeptiert werden. Spätestens an dieser Stelle wird sichtbar, dass Effizienz weniger eine Frage des richtigen Instruments ist als eine Frage von klaren Rollen über alle Führungsebenen hinweg. Es muss festgelegt werden, wer in Effizienzfragen entscheidet, wer diese in die Aufgabenbereiche übersetzt und wer für deren Umsetzung im täglichen Verwaltungshandeln verantwortlich ist. Hinsichtlich der notwendigen Resilienz ist auch die Frage zu beantworten, wer Entscheidungen auch dann aufrechterhält, wenn sie unbequem werden.

Die bisherigen Kapitel haben gezeigt, was zu tun ist, um Effizienz als nachhaltige Handlungslogik in der Verwaltung zu etablieren und wie Verwaltungen ins Handeln kommen. Bisher offen bleibt jedoch eine zentrale Frage, nämlich welche Führungsrolle jeweils gefordert ist, damit diese Logik dauerhaft wirksam wird. Denn Effizienz scheitert in der Praxis selten an den Konzepten, sondern an unklarer Zuordnung von Verantwortung zwischen Führungsebenen. Aus diesem Grund richtet sich der Blick im folgenden Kapitel bewusst auf Führung. Nicht abstrakt oder normativ, sondern rollenspezifisch entlang der verschiedenen Führungsebenen. Kapitel 9 beschreibt, welchen Beitrag diese einzelnen Ebenen leisten müssen, damit die VEA-Effizienz- und Steuerungslogik dieses Buches nicht nur verstanden, sondern auch tatsächlich gelebt wird. Es geht dabei nicht um zusätzliche Anforderungen, sondern um die Klarheit, wer in welcher Rolle Verantwortung trägt und woran sich erfolgreiche Führung in einer effizienzorientierten Verwaltung erkennen lässt.

Leitgedanken zum Kapitel

- Effizienz entsteht nicht durch Projekte, sondern durch Struktur: Einzelmaßnahmen können entlasten, doch erst eine klare Umsetzungsarchitektur verankert Effizienz dauerhaft im Verwaltungshandeln.
- Steuerung braucht Ort, Rhythmen und Verbindlichkeit: Effizienz wird wirksam, wenn sie in Entscheidungsformaten berücksichtigt, regelmäßig aufgegriffen und über die Zeit stabil gehalten wird.
- Wirkung ist Maßstab, nicht Nebenprodukt: Aufgaben, Standards und Prozesse müssen sich am erzielten Beitrag orientieren, nicht an Tradition, Vollständigkeit oder Gewohnheit.
- Umsetzung folgt einer Entwicklungslogik: Organisationen durchlaufen Phasen. Klarheit geht vor Optimierung, Priorisierung von Perfektion, Stabilisierung vor Expansion.
- Entlastung entsteht durch begrenzende Entscheidungen: Effizienz verlangt Differenzierung, nicht die graduelle Verbesserung von Aufgaben.
- Architektur ersetzt keinen Führungswillen: Bausteine und Phasen geben Orientierung, tragfähig werden sie nur durch konsequente Führung.

9 Führung neu denken: Rollen in einer effizienzorientierten Steuerungslogik

Die vorangegangenen Kapitel haben gezeigt, wie Verwaltungen Effizienz im Sinne der VEA-Steuerungs- und Entscheidungslogik begreifen und praktisch anwenden können. Sie haben beschrieben, wie Aufgaben priorisiert, Standards differenziert und Prozesse vereinfacht werden können, um Automatisierungs- und Digitalisierungspotenziale zu ermöglichen. Diese Ansätze entfalten jedoch nur eine nachhaltige Wirkung, wenn Führung für die Verwaltungseffizienz Verantwortung übernimmt. Effizienz ist keine abstrakte Organisationsidee, sondern das Ergebnis konkreten Führungshandelns und entsteht dort, wo Entscheidungen getroffen, Prioritäten gesetzt und Begrenzungen akzeptiert werden. Für den nachhaltigen Erfolg der VEA-Logik ist es daher von entscheidender Bedeutung, dass die Rollenverteilung zwischen den Führungsebenen klar und handlungsorientiert beschrieben wird.

Dieses Kapitel setzt genau hier an, indem es Führung nicht allgemein, sondern rollenspezifisch beschreibt. Im Mittelpunkt stehen die in den meisten Verwaltungen vorhandenen Führungsebenen, die jeweils einen eigenen Beitrag zur Effizienz- und Steuerungslogik leisten. Beschrieben wird die Rolle der Verwaltungsleitung, der mittleren Führungsebene sowie der operativen Führungskräfte, um deutlich zu machen, dass jede dieser Ebenen vor unterschiedlichen Anforderungen steht, verschiedene Handlungsspielräume besitzt und Verantwortung an unterschiedlichen Stellen im System trägt. Der Aufbau dieses Kapitels folgt einer klaren Struktur, bei der die jeweilige Führungsrolle zunächst dahingehend eingeordnet wird, wo sie sich in der Organisation befindet und was Führung auf dieser Ebene auszeichnet. Darauf aufbauend werden die jeweiligen Rollenprofile jeweils systematisch hinsichtlich ihrer Funktion in der VEA-Steuerungslogik, ihres Ziels, ihrer zentralen Aufgaben, beobachtbaren Erfolgsindikatoren sowie der für die Rolle notwendigen Kompetenzen beschrieben. Diese Struktur ermöglicht es, die eigene Rolle innerhalb der Verwaltung klar zu verorten und Erwartungen an Führung präzise zu formulieren. Das Kapitel 9 ergänzt damit die vorherigen Kapitel um eine personale Perspektive, da es nicht darum geht, zusätzliche Anforderungen zu formulieren, sondern Klarheit darüber zu schaffen, wer innerhalb der Organisation welchen Beitrag leisten muss, damit Effizienz nicht punktuell bleibt, sondern dauerhaft wirksam wird. Führung wird hier nicht als abstrakte Haltung verstanden, sondern als konkrete Träger von Verantwortung in einer effizienzorientierten Verwaltung.

9.1 Das Rollenprofil der Verwaltungsleitung

9.1.1 Einordnung der Rolle

Die Verwaltungsleitung nimmt eine besondere Stellung in der Organisation ein. Sie ist die Ebene, auf der strategische Zielsetzungen, politische Erwartungen und organisatorische Realität zusammenlaufen. Führung auf dieser Ebene bedeutet weniger operative Steuerung als vielmehr Entscheidung unter Berücksichtigung von Zielkonflikten. Die Verwaltungsleitung entscheidet darüber, was für die Verwaltung grundsätzlich gilt. Im Kontext einer effizienzorientierten Steuerung kommt der Verwaltungsleitung eine zentrale Bedeutung zu. Sie setzt den Rahmen, innerhalb dessen Effizienz überhaupt wirksam werden kann. Ohne eine klare Haltung und konsequente Prioritätensetzung von oben bleibt Effizienz ein wohlmeinender Appell, der im Alltag untergeht und verpufft. Führung auf dieser Ebene zeichnet sich deshalb nicht durch Aktivismus aus, sondern durch die Fähigkeit, im Sinne einer ganzheitlichen Haushaltsverantwortung Begrenzung zu legitimieren und durchzuhalten.

9.1.2 Rollenprofil im Detail

1. Name der Rolle
Verwaltungsleitung

2. Funktion in der VEA-Steuerungslogik
Die Verwaltungsleitung ist Trägerin der übergeordneten Effizienz- und Steuerungslogik. Sie definiert, welchen Stellenwert Effizienz in der Organisation hat, entscheidet Zielkonflikte und sorgt für Verbindlichkeit über alle Führungsebenen hinweg. Ihre Funktion ist es, Effizienz als Maßstab in zentrale Entscheidungen zu integrieren und den organisatorischen Rahmen dafür zu sichern.

3. Ziele der Rolle
Ziel der Verwaltungsleitung ist es, Handlungsfähigkeit und Steuerbarkeit der Gesamtorganisation zu gewährleisten. Effizienz dient dabei nicht der kurzfristigen Entlastung einzelner Bereiche, sondern der nachhaltigen Sicherung von Gestaltungsfähigkeit bei begrenzten Ressourcen.

4. Zentrale Aufgaben
- Festlegung eines klaren Effizienzanspruchs als Führung- und Steuerungsprinzip.
- Entscheidung über Prioritäten, Leistungsumfang und Zielkonflikte.
- Integration von Effizienz in zentrale Entscheidungsformate.
- Sicherung von Rückhalt für Führungskräfte bei unpopulären Entscheidungen in der Schnittstelle zwischen Politik und Verwaltung.
- Konsequentes Nachhalten getroffener Steuerungsentscheidungen über die Zeit.

5. Erfolgsindikatoren

- Effizienz ist fester Bestandteil zentraler Führungsentscheidungen.
- Zielkonflikte werden offen benannt und entschieden.
- Führungskräfte erleben Rückhalt bei Priorisierung und Begrenzung.
- Die Organisation reagiert weniger, gestaltet mehr.
- Effizienzentscheidungen bleiben auch bei Widerstand wirksam.

6. Notwendige Kompetenzen

- Entscheidungsstärke unter Unsicherheit.
- Konflikt- und Durchsetzungsfähigkeit.
- Strategische Klarheit und Priorisierungskompetenz.
- Fähigkeit zur Begrenzung, auch in Konfliktsituationen.
- Kommunikationsfähigkeit gegenüber Politik, Führung und Öffentlichkeit.

9.2 Das Rollenprofil des mittleren Managements

9.2.1 Einordnung der Rolle

Das mittlere Management nimmt eine Schlüsselstellung in der Organisation ein, indem es sich an der Schnittstelle zwischen strategischem Anspruch und operativer Realität bewegt. Während die Verwaltungsleitung den Rahmen setzt, liegt es am mittleren Management, diesen Rahmen in steuerbare Strukturen zu übersetzen. Führung auf dieser Ebene ist damit weniger grundsätzliche Richtungsentscheidung als konkrete Gestaltungsarbeit. Gerade im Kontext einer effizienzorientierten Steuerungslogik kommt dieser Ebene eine besondere Bedeutung zu, da sich hier entscheidet, ob Effizienz abstrakt bleibt oder im täglichen Verwaltungshandeln wirksam wird. Das mittlere Management verantwortet Aufgabenportfolios, setzt Standards, bestimmt Bearbeitungstiefen und gestaltet Prozesse im eigenen Zuständigkeitsbereich. Es sieht sich dabei permanent Zielkonflikten an der Schnittstelle zwischen politischen Erwartungen, fachlicher Machbarkeit, dem Anspruchsniveau und verfügbaren Ressourcen sowie zwischen strategischen Vorgaben und operativem Alltag ausgesetzt.

Führung auf dieser Ebene zeichnet sich dadurch aus, Komplexität zu reduzieren, ohne Verantwortung abzugeben. Das mittlere Management ist nicht bloßer Vollzugsarm strategischer Entscheidungen, sondern aktiver Gestalter. Es trägt Verantwortung für strukturelle Entlastung im eigenen Bereich und prägt maßgeblich, ob die VEA-Effizienzlogik der Organisation im Alltag ankommt.

9.2.2 Rollenprofil im Detail

1. Name der Rolle
Mittleres Management

2. Funktion in der VEA-Steuerungslogik
Das mittlere Management übersetzt den Effizienzanspruch der Organisation in konkrete organisatorische Entscheidungen. Es gestaltet den Aufgabenbestand, differenziert Standards und strukturiert Prozesse im eigenen Verantwortungsbereich. Seine Funktion ist es, Effizienz operationalisierbar zu machen und damit strukturelle Entlastung zu ermöglichen.

3. Ziel der Rolle
Ziel des mittleren Managements ist es, Steuerbarkeit und Wirksamkeit im eigenen Verantwortungsbereich herzustellen. Effizienz zeigt sich hier darin, dass Aufgaben priorisiert, Ressourcen gezielt eingesetzt und Bearbeitungstiefen bewusst festgelegt werden, nicht gleichmäßig, sondern wirkungsorientiert.

4. Zentrale Aufgaben
- Kritische Analyse des Aufgabenbestands im eigenen Bereich.
- Differenzierung von Standards und Bearbeitungstiefen entlang des Wirkbeitrags.
- Gestaltung schlanker, zweckorientierter Prozesse.
- Entscheidung über Prioritäten und bewusste Begrenzung von Leistungen.
- Unterstützung und Orientierung der operativen Führungsebene.
- Rückmeldung an die Verwaltungsleitung über Wirkungen, Zielkonflikte und Grenzen.

5. Erfolgsindikatoren
- Aufgaben und Standards sind im Verantwortungsbereich bewusst differenziert.
- Entlastung ist im Alltag spürbar und nicht nur punktuell.
- Operative Führungskräfte verfügen über klare Vorgaben und Prioritäten.
- Zielkonflikte werden transparent gemacht und nicht nach unten durchgereicht.
- Effizienzentscheidungen bleiben auch bei Gegenwind stabil.

6. Notwendige Kompetenzen
- Analyse- und Strukturierungsfähigkeit.
- Priorisierungs- und Entscheidungsstärke.
- Übersetzungsfähigkeit zwischen Strategie und Praxis.
- Konfliktfähigkeit im Umgang mit Erwartungen und Widerständen.
- Verantwortungsbewusstsein für Wirkung und Ressourcen.

9.3 Das Rollenprofil der operativen Führung

9.3.1 Einordnung der Rolle

Auf der operativen Führungsebene trifft Führung unmittelbar auf Aufgabenerledigung. Hier werden Prioritäten nicht diskutiert, sondern gelebt. Sachgebiets-, Team- und Gruppenleitungen steuern die tägliche Arbeit der Mitarbeitenden und prägen damit unmittelbar, wie Entscheidung der darüberliegenden Führungsebenen im Alltag ankommen. Führung auf dieser Ebene ist weniger strategisch, dafür hochgradig praxisorientiert.

Im Kontext einer effizienzorientierten Steuerungslogik nimmt die operative Führungsebene eine ausgeprägte Vermittlungs- und Übersetzungsfunktion ein. Sie steht zwischen den Anforderungen der Organisation und den Erwartungen der Mitarbeitenden. Ohne klare Orientierung droht sie zum Puffer für Überforderung zu werden. Mit klarer Rollenwahrnehmung wird sie dagegen zum Stabilisator, indem sie Mitarbeitende vor Überlastung schützt, sorgt sie für Verlässlichkeit im Arbeitsalltag und macht Effizienzentscheidungen in der täglichen Aufgabenerledigung wirksam. Führung auf dieser Ebene zeichnet sich durch die Fähigkeit aus, Grenzen zu setzen, Prioritäten durchzuhalten und zugleich Rückmeldungen aus der Praxis an übergeordnete Führungsebenen zu geben. Sie entscheidet maßgeblich darüber, ob Effizienz als Entlastung oder als zusätzlicher Druck erlebt wird.

9.3.2 Rollenprofil im Detail

1. Name der Rolle
Operative Führungsebene

2. Funktion in der VEA-Steuerungslogik
Die operative Führungsebene setzt Effizienzentscheidungen im täglichen Verwaltungshandeln um. Sie steuert die konkrete Aufgabenerledigung, sorgt für die Einhaltung vereinbarter Prioritäten und Standards und vermittelt zwischen strategischen Vorgaben und operativer Realität. Ihre Funktion ist es, Effizienz im Alltag dauerhaft zu sichern.

3. Ziel der Rolle
Ziel der operativen Führungsebene ist ein klarer, strukturierter und steuerbarer Arbeitsalltag. Effizienz zeigt sich hier darin, dass die Mitarbeitenden wissen, was wichtig ist, worauf sie sich konzentrieren sollen und wo Vereinfachung ausdrücklich gewollt ist.

4. Zentrale Aufgaben
- Klare Priorisierung von Aufgaben im Tagesgeschäft.
- Umsetzung vereinbarter Standards und Bearbeitungstiefen.

- Begrenzung informeller Zusatzanforderungen und »Selbstverständlichkeiten«.
- Übersetzung von Effizienzentscheidungen in verständliche Arbeitsaufträge.
- Frühzeitige Rückmeldung über Überlastung, Zielkonflikte und Umsetzungsprobleme.
- Stabilisierung des Teams in Phasen von Veränderung und Unsicherheit.

5. Erfolgsindikatoren

- Mitarbeitende kennen ihre Prioritäten und handeln danach.
- Effizienzentscheidungen werden im Alltag eingehalten.
- Überforderung wird frühzeitig sichtbar und adressiert.
- Konflikte über Erwartungen nehmen ab.
- Die operative Ebene wird als entlastend und ordnend wahrgenommen.

6. Notwendige Kompetenzen

- Kommunikations- und Übersetzungskompetenz.
- Entscheidungs- und Durchsetzungsfähigkeit im Alltag.
- Konfliktfähigkeit im Umgang mit Erwartungen.
- Sensibilität für Belastung und Arbeitsvolumen.
- Fähigkeit zu klarer, verlässlicher Führung unter Unsicherheit.

9.4 Zusammenspiel der Führungsebenen

Die drei beschriebenen Rollenprofile entfalten ihre Wirkung in der VEA-Steuerungslogik nicht isoliert, sondern sind Teil eines hierarchisch differenzierten, aber funktional verbundenen Führungssystems. Effizienzorientierte Steuerung entsteht erst dann, wenn die Ebenen in ihrer jeweiligen Verantwortung klar sind und gleichzeitig abgestimmt handeln. Die Verwaltungsleitung setzt den Rahmen, das mittlere Management übersetzt diesen Rahmen in priorisierende Entscheidungen im eigenen Verantwortungsbereich und die operative Führungsebene steuert die konkrete Aufgabenerledigung im Alltag. Brüche entstehen dort, wo diese Logik unterbrochen wird, das Rollenverhalten der Ebenen nicht ineinandergreift.

Ein häufiger Bruch zeigt sich, wenn die Verwaltungsleitung Effizienz als Ziel formuliert, aber bei konkreten Konflikten zurückweicht. Wird Rückhalt nur situativ gewährt oder konditional ausgesprochen, verlieren Führungskräfte auf nachgeordneten Ebenen die notwendige Sicherheit. Die Folge ist Zurückhaltung statt Entscheidung. Ein weiterer Bruch entsteht, wenn das mittlere Management seine Rolle nicht als gestaltend, sondern als moderierend versteht. Wer versucht, alle Erwartungen auszubalancieren, vermeidet Priorisierung. Effizienz bleibt dann eine abstrakte Vorgabe ohne operative Konsequenz. Auch auf der operativen Führungsebene kann das Zusammenspiel der Rollen gestört sein. Wird diese Ebene nicht in die Steuerungslogik eingebunden oder fehlt ihr die notwendige Entscheidungskompetenz, entsteht ein Widerspruch zwischen strategischem Anspruch und tatsächlichem Handeln. Mitarbeitende erleben dann Inkonsistenz, indem offiziell zwar Priorisierung postuliert, faktisch aber weiterhin alles in gleicher Tiefe bearbeitet wird.

Steuerungsfähigkeit entsteht deshalb nicht durch die bloße Definition von Rollen, sondern durch ihr abgestimmtes Zusammenwirken. Jede Ebene muss wissen, worauf sie sich verlassen kann und was von ihr erwartet wird.

Die Verwaltungsleitung darf nicht operativ eingreifen, wenn Priorisierungsentscheidungen unpopulär werden, das mittlere Management darf Verantwortung nicht nach oben delegieren und die operative Ebene darf sich nicht in bloßer Ausführung erschöpfen. Ein funktionierendes Zusammenspiel zeichnet sich durch drei Merkmale aus. Es bedarf eines klaren Rahmens, indem die oberste Führungsebene verbindliche Erwartungen formuliert und getroffene Entscheidungen schützt. Verantwortung muss durch das mittlere Management übersetzt werden, indem es eigenständige Priorisierungen, in dem durch die Verwaltungsleitung gesetzten Rahmen, vornimmt. Die Priorisierungsentscheidungen müssen konsequent durch die operative Führungsebene umgesetzt werden, indem sie die Aufgabenerledigung entlang der getroffenen Differenzierungen steuert. Erst wenn diese drei Elemente ineinandergreifen, entsteht das, was dieses Buch unter struktureller Entlastung versteht, eine Organisation, die nicht reaktiv überlastet wird, sondern aktiv entscheidet, was sie in welcher Tiefe bearbeitet. Das Zusammenspiel der Führungsebenen ist damit kein organisatorisches Detail, sondern die zentrale Bedingung für wirksame Steuerung. Ohne abgestimmte Rollen wird Effizienz zur individuellen Anstrengung einzelner Führungskräfte. Mit abgestimmten Rollen wird sie im Sinne von VEA dagegen zur handlungsleitenden Logik der gesamten Organisation.

9.5 Führung, Macht und ihre Folgen

Effizienzorientierte Steuerung ist keine technische Optimierung, sondern eine Form bewusster Führung. Führung ist dabei auch immer Machtanwendung. In einem hierarchisch geprägten System wird diese Macht über die Stellung der jeweiligen Rolle legitimiert. Wer Aufgaben priorisiert, Standards differenziert oder Ressourcen neu verteilt, greift in bestehende Organisationslogiken ein. Jede Entscheidung darüber, was mit welcher Tiefe bearbeitet wird, verschiebt Aufmerksamkeit, Einfluss und Handlungsspielräume. Diese Dimension wird im Verwaltungsalltag häufig übersehen oder sprachlich entschärft. Priorisierung erscheint als sachliche Notwendigkeit, Differenzierung als organisatorische Maßnahme. Tatsächlich sind alle diese Entscheidungen auch Machtentscheidungen. Sie bestimmen, welche Themen Gewicht erhalten, welche Fachbereiche wachsen oder schrumpfen und welche Anliegen weniger Beachtung finden. Macht ist dabei nicht negativ zu verstehen.

Macht ist in hierarchischen Organisationen strukturell angelegt und notwendig, um handlungsfähig zu bleiben. Problematisch wird sie erst, wenn sie verleugnet oder indirekt ausgeübt wird. Wird Priorisierung nicht als bewusste Führungsentscheidung getroffen, entsteht eine verdeckte Machverschiebung, bei der Ressourcen häufig Lautstärke, politischem Druck oder historischer Gewohnheit folgen.

Effizienz verlangt daher ein reflektiertes Machtverständnis, bei dem Führung bereit sein muss, Verantwortung für Verteilungsentscheidungen zu übernehmen und die daraus resultierenden Spannungen auszuhalten. Wer versucht, Priorisierung als rein technische Frage darzustellen, unterschätzt ihre politische und organisationale Tragweite. Diese Einsicht verändert den Anspruch an die Transformation zu mehr Verwaltungseffizienz. Es geht nicht darum, Prozesse zu verbessern oder Steuerungsformate zu schärfen, sondern darum, die eigene Führungsrolle in ihrer normativen Dimension anzuerkennen. Effizienz ist kein neutraler Optimierungsvorgang, sondern eine bewusste Setzung dessen, was eine Organisation als bedeutsam erachtet. Damit wird deutlich, dass die Einführung der VEA-Steuerungslogik zugleich eine Klärung von Verantwortungs- und Einflussstrukturen bedeutet. Wer diese Dimension ausblendet, riskiert, die Folgen der daraus zwangsläufig entstehenden Wirkungen nicht zu erkennen und im Sinne der Organisation zu steuern. Führung, die Effizienz ernst nimmt, muss daher bereit sein, Macht transparent auszuüben und die daraus resultierenden Entscheidungen transparent zu begründen. Dann wird die angestrebte strukturelle Entlastung der Verwaltung eine bewusste Neuausrichtung der organisatorischen Prioritäten. Wer Macht als strukturellen Bestandteil von Führung anerkennt, erkennt zugleich, dass jede Priorisierungsentscheidung Gewinner und Verlierer hervorbringt. Aufgaben gewinnen an Bedeutung oder verlieren an Aufmerksamkeit, Bereiche erhalten zusätzliche Ressourcen oder müssen mit reduzierten Standards arbeiten. Diese Dynamik ist keine Fehlentwicklung, sondern die notwendige Folge bewusster Steuerung. Gerade deshalb darf sie nicht unberücksichtigt bleiben. Wer behauptet, Effizienz sei für alle gleichermaßen ein Gewinn, unterschätzt die reale Verteilungswirkung von Entscheidungen. Für einzelne Organisationseinheiten kann strukturelle Entlastung zugleich Bedeutungsverlust bedeuten. Für bestimmte Routinen bedeutet Differenzierung den Abschied von Qualitätsvorstellungen. Für Führungskräfte bedeutet Priorisierung, sich gegen konkurrierende Erwartungen zu positionieren.

Hier beginnt die eigentliche Verantwortung von Führung im Transformationsprozess. Es genügt nicht, Priorisierungen zu treffen, sondern es bedarf der bewussten Steuerung der daraus entstehenden kulturellen Spannungen. Gewinner dürfen ihre neue Bedeutung nicht als Selbstverständlichkeit interpretieren und Verlierer nicht in verdeckten Widerstand gedrängt werden. Beide Gruppen benötigen Transparenz, Einordnung und nachvollziehbare Begründung der zugrundeliegenden Logik. Der Transformationsprozess hin zu einer effizienzorientierten Verwaltung ist daher nicht allein ein strukturelles Vorhaben. Er ist ein Prozess der Klärung organisationaler Selbstbilder. Was gilt künftig als gute Leistung, welche Form von Qualität wird angestrebt und wie wird mit Zielkonflikten umgegangen? Wer diese Fragen nicht offen adressiert, riskiert, dass der neue Steuerungsanspruch zwar formal akzeptiert, jedoch kulturell unterlaufen wird. Effizienz bleibt dann eine sprachliche Setzung, während implizite Glaubenssätze und Rituale unberührt bleiben. Die Einführung der Verwaltungseffizienz-Analyse (VEA) ist also nicht nur ein Instrument der Steuerung, sondern ein Auslöser für kulturelle Veränderung. Sie eröffnet die Chance, Verwaltungshandeln neu auszurichten. Zugleich verlangt sie den Mut, bestehende Überzeugungen zu hinterfragen und Veränderung bewusst zu gestalten. Die Frage ist daher nicht, ob ein kultureller Wandel stattfindet, sondern ob er gesteuert oder dem Zufall überlassen wird. Genau hier setzt das folgende Kapitel an.

10 Effizienz als Motor einer neuen Verwaltungskultur

Die vorangegangenen Kapitel haben Effizienz als Führungs- und Steuerungslogik entwickelt, die Verwaltungseffizienz-Analyse (VEA) als Ordnungsrahmen beschrieben, die Umsetzungsarchitektur konkretisiert und die Rolle von Führung in ihrer strukturellen und machtbezogenen Dimension geklärt. Damit wurde aufgezeigt, wie Verwaltungen strukturell entlastet und handlungsfähiger organisiert werden können. Dieses Kapitel richtet den Blick auf eine andere Ebene, indem es die weitreichenden Konsequenzen der VEA-Logik beleuchtet. Denn deren konsequente Anwendung verändert nicht nur Prozesse und Entscheidungsformate, sondern berührt das tradierte Selbstverständnis der Organisation, ihre impliziten Maßstäbe an Qualität und ihr Verständnis von Verantwortung. Kapitel 10 macht deutlich, dass die Einführung einer effizienzorientierten Steuerungslogik viel mehr als eine organisatorische Optimierung ist, nämlich ein kultureller Transformationsprozess. Wer Aufgaben grundlegend hinterfragt, wer Standards differenziert und Wirkung zum Handlungsmaßstab macht, greift in gewachsene Überzeugungen ein. Dieser Wandelprozess eröffnet Chancen, verursacht jedoch auch Spannungen im täglichen Verwaltungshandeln. Der Zweck dieses Kapitels besteht in einer Einordnung dieses Vorgangs und zeigt, welches Potenzial in der hier entwickelten Logik liegt, aber auch welche Verantwortung mit ihrer Umsetzung verbunden ist. Damit schließt das Buch mit einem Blick auf die Möglichkeiten und die disruptive Kraft, die sich eröffnen, wenn Verwaltung den Mut zur bewussten Neuausrichtung findet.

10.1 Effizienz als kulturelle Setzung

Die Einführung der VEA-Steuerungslogik verändert nicht nur Entscheidungsprozesse und Verantwortungsstrukturen, sondern sie berührt auch die kulturellen Grundannahmen der Verwaltung. Tradierte Steuerungslogiken und Verhaltensweisen werden durch Effizienz hinterfragt, neue Maßstäbe entwickelt, Aufgabenportfolios neu ausgerichtet, Schwerpunkte verschoben. Verwaltungen sind historisch gewachsene Organisationen mit starken professionellen Identitäten. In vielen Bereichen gilt eine hohe Bearbeitungstiefe als Ausdruck von Qualität, Gleichbehandlung als Ausdruck von Gerechtigkeit und Vollständigkeit als Zeichen von Verlässlichkeit. Diese Annahmen sind nicht falsch, sie haben Verwaltung über Jahrzehnte stabilisiert. Doch sie sind nicht unter allen Bedingungen gleichermaßen tragfähig. Die konsequente Anwendung der Verwaltungseffizienz-Analyse (VEA) zwingt dazu, diese Selbstverständlichkeiten neu zu betrachten. Wenn Aufgaben nach ihrem Wirkbeitrag differenziert werden, wird deutlich, dass nicht jede Tätigkeit denselben Anspruch auf Ressourcen und Aufmerksamkeit haben kann. Wenn Standards bewusst angepasst werden, verliert die Idee eines einheitlichen

Qualitätsniveaus ihre absolute Geltung. Wenn Prozesse auf ihren Zweck hin überprüft werden, geraten Routinen ins Wanken, die bislang kaum hinterfragt wurden.

Diese Verschiebungen betreffen nicht nur Abläufe, sondern Haltungen. Sie verändert die Frage, was als »gute Verwaltung« gilt. Qualität wird nicht länger ausschließlich über Vollständigkeit definiert, sondern über Wirkung. Professionalität zeigt sich nicht mehr primär in der maximalen Ausdifferenzierung von Verfahren, sondern in der Fähigkeit, zu priorisieren und Aufwand zu begrenzen.

Verantwortung bedeutet nicht, jede Erwartung zu erfüllen, sondern begründet zu entscheiden, welche Erwartungen legitim sind. Ein solcher Wandel erzeugt Irritation. Mitarbeitende und Führungskräfte erleben, dass vertraute Maßstäbe nicht mehr uneingeschränkt gelten. Diese Irritation ist kein Zeichen des Scheiterns, sondern Ausdruck eines kulturellen Lern- und Wandelprozesses. Organisationen verändern sich nicht allein durch neue Regeln, sondern durch veränderte Deutungen dessen, was richtig, angemessen und notwendig ist. Effizienz als kulturelle Setzung bedeutet daher, implizite Glaubenssätze sichtbar zu machen und zur Diskussion zu stellen. Dabei stellen sich verschiedene Fragen. Welche Aufgaben sind für das Gemeinwesen tatsächlich zentral, welche Standards dienen der beabsichtigten Wirkung und welche sind lediglich Ausdruck alter Gewohnheiten in der Verwaltungspraxis? Wo wird Qualität mit Aufwand verwechselt und Gleichbehandlung mit Gleichwertigkeit gleichgesetzt? Indem diese Fragen gestellt werden, verschiebt sich die innere Logik der Organisation. Effizienz wird nicht länger als Sparmaßnahme verstanden, sondern als bewusste Klärung von Prioritäten. Die Organisation gewinnt die Möglichkeit, sich neu zu verorten und nicht im Modus der permanenten Überforderung gefangen zu bleiben, sondern in einen Modus gestaltender Entscheidungen zu wechseln. Damit wird deutlich, dass die Einführung einer effizienzorientierten Steuerungslogik auch den Wegbereiter für kulturellen Wandel darstellt. Wer Effizienz ernsthaft umsetzt, verändert die Art, wie Verwaltung über sich selbst denkt und in der Folge handelt.

10.2 Das disruptive Potenzial der Effizienz

Disruption wird im öffentlichen Diskurs häufig mit radikalem Umbruch, technologischen Sprüngen oder dem strukturellen Einreißen bestehender Systeme gleichgesetzt. Verwaltung verbindet mit diesem Begriff meist Instabilität, Kontrollverlust oder den Verlust von gewachsenen Sicherheiten.

Die hier entwickelte VEA-Steuerungslogik verfolgt kein solches Verständnis, vielmehr beinhaltet sie das Potenzial für eine grundlegende Neuausrichtung von Verwaltung und sieht dies nicht als Bedrohung des Bestehenden, sondern als Chance auf eine gestaltbare Zukunft und die dauerhafte Handlungsfähigkeit.

Das disruptive Potenzial dieser effizienzorientierten Steuerungslogik liegt daher nicht im Bruch, sondern im grundlegenden Hinterfragen des Bestehenden. Disruptiv wirkt, wer Selbstverständlichkeiten infrage stellt und damit die tradierten Handlungs- und Entscheidungslogiken der öffentlichen Verwaltung durchbricht. Routinen, die lange als unverrückbar galten, verlieren ihre Unantastbarkeit und Verfahren, die aus Gründen der Vollständigkeit gewachsen sind, müssen sich an ihrem Zweck messen lassen. Standards, die historisch begründet sind, stehen unter dem Vorbehalt ihrer heutigen Notwendigkeit. Diese Art, das Bestehende grundlegend infrage zu stellen, verändert Verwaltung auf kultureller Ebene, indem sie nicht nur einzelne Prozesse betrifft, sondern das implizite Ordnungssystem der Verwaltung. Wenn Wirkung zum Maßstab wird, verschiebt sich der Fokus von der formalen Korrektheit zur tatsächlichen Zielerreichung. Wenn Bearbeitungstiefe differenziert wird, verliert das Ideal gleichförmiger Behandlung seine absolute Geltung. Wenn Automatisierung gezielt eingesetzt wird, werden Tätigkeiten neu bewertet, die bisher als Ausdruck professioneller Sorgfalt galten.

Das disruptive Potenzial der Effizienz liegt damit in ihrer Konsequenz, indem sie dazu zwingt, die Aufgabenerledigung der Verwaltung nicht nur besser, sondern grundlegend anders zu denken. Verwaltung wird nicht mehr primär als Ausführungsapparat verstanden, der gesetzliche Aufgaben möglichst vollständig abarbeitet, sondern als gestaltende Organisation, die ihre Ressourcen bewusst einsetzt. Gerade in Zeiten struktureller Überlastung entsteht daraus eine Chance. Disruption in diesem Sinne bedeutet nicht Zerstörung bestehender Strukturen, sondern die Auflösung unreflektierter Gewohnheiten. Sie eröffnet die Möglichkeit, Prioritäten neu zu setzen, Aufgaben neu zu ordnen und Ressourcen freizusetzen, die bislang in flächendeckender Gleichbehandlung gebunden waren.

Diese Form der Disruption kommt leise daher, ist deswegen aber nicht weniger wirksam. Sie vollzieht sich nicht in großen Reformakten und Umbrüchen, sondern in vielen begründeten Entscheidungen. Sie verlangt keine revolutionäre Umgestaltung der Verwaltung, sondern die konsequente Anwendung einer klaren Steuerungslogik. Gerade dadurch hat sie das Potenzial grundlegender Neugestaltung und nachhaltiger Wirkung. Das disruptive Potenzial liegt nicht im radikalen Neuanfang, sondern im reflektierten Weiterdenken. Es schafft Raum für Gestaltung, indem es das vermeintlich Selbstverständliche relativiert. So gewinnt die Verwaltung die Fähigkeit zurück, selbst zu gestalten, nicht als Reaktion auf Druck, sondern als Ausdruck bewusster Prioritätensetzung und einem grundlegenden Gestaltungsanspruch. Damit wird Effizienz zu einem Instrument der Erneuerung – nicht durch äußeren Zwang, sondern durch einen Prozess innerer Klärung und Neuausrichtung. Dieses Potenzial kann jedoch nur dann wirksam werden, wenn die daraus entstehenden Spannungen erkannt und aktiv gestaltet werden. Genau hier entscheidet sich, ob Effizienz als bloße Rationalisierung wahrgenommen wird, oder als Chance für eine neue Qualität des Verwaltungshandelns.

10.3 Navigation durch den Kulturwandel

Wenn Effizienz ein kultureller Transformationsprozess ist und zugleich ein disruptives Potenzial in sich trägt, stellt sich die zentrale Frage, wie dieser Wandel geführt wird, ohne dass er die Organisation destabilisiert. Die Einführung der VEA-Steuerungslogik erzeugt Bewegung. Indem sie Prioritäten verändert, verschiebt sie Aufmerksamkeit und relativiert die gewohnte Verwaltungspraxis. Dieser Wandelprozess braucht Orientierung, weil er Spannungen innerhalb der Organisation und mit externen Stakeholdern erzeugt. Einige Bereiche erhalten möglicherweise zusätzliche Ressourcen oder müssen sich mit einer reduzierten Bearbeitungstiefe ihrer Aufgaben arrangieren. Für einzelne Mitarbeitende bedeutet Differenzierung Klarheit und Entlastung, für andere bedeutet sie den Abschied von vertrauten Routinen oder Statusverlust. Diese Dynamiken sind nicht Ausdruck von Fehlsteuerung, sondern Folge bewusster Priorisierung.

> *Die Navigation durch diesen Wandel beginnt mit Transparenz. Führung muss offen benennen, dass Priorisierung unterschiedliche Wirkungen innerhalb der Verwaltung entfaltet. Wer versucht, den Transformationsprozess durchgehend als positiv für alle Beteiligten darzustellen, untergräbt die Glaubwürdigkeit des Vorhabens. Nur wenn die Verteilungswirkungen von Entscheidungen klar kommuniziert werden, entsteht Vertrauen in die zugrundeliegende Steuerungslogik.*

Darüber hinaus erfordert die Navigation durch den Prozess Klarheit über Zielrichtung und Maßstab. Wenn Wirkung der zentrale Bezugspunkt ist, müssen Entscheidungen konsequent daran ausgerichtet werden. In Phasen der Irritation entsteht leicht die Versuchung, Priorisierungen wieder zu relativieren, um Spannungen zu reduzieren. Doch genau hier entscheidet sich, ob der Wandel in Richtung einer effizienten und dauerhaft handlungsfähigen Verwaltung bestand hat. Führung muss die Richtung halten, ohne starr zu werden, und Anpassungen begründen, ohne in Beliebigkeit zu verfallen.

Ein zentraler Punkt für den Erfolg des Vorhabens ist die Einbindung der Führungsebenen in ihrer jeweiligen Verantwortung. Die Verwaltungsleitung gibt Orientierung und schützt die Grundlogik, das mittlere Management übersetzt sie in konkrete Entscheidungen und die operative Führungsebene sorgt für eine konsistente Umsetzung im Verwaltungsalltag. Wird eine dieser Ebenen unsicher oder widersprüchlich, verstärken sich kulturelle Widerstände in der Organisation und das gesamte Vorhaben ist in seinem Erfolg gefährdet. Die Navigation durch den Kulturwandelprozess bedeutet daher nicht, Konflikte zu vermeiden, sondern sie zu kontextualisieren. Widerstand ist häufig ein Hinweis auf scheinbare Verletzungen der Kernidentität, dem Selbstverständnis des Individuums oder der Gruppe oder ungeklärte Erwartungen zwischen den verschiedenen Interessenparteien. Wer diese Signale ernst nimmt, ohne die Grundentscheidungen infrage zu stellen, stärkt die Stabilität des Transformationsprozesses. Schließlich verlangt die Navigation durch den Prozess Geduld von allen Beteiligten, denn kulturelle Muster und das Selbstverständnis der Verwaltung ändern sich nicht über Nacht durch neue Anweisungen, sondern durch wiederholte Erfahrung. Wenn Mitarbeitende erleben, dass Priorisierungen konsequent angewendet, begründet und abgesichert werden, entsteht allmählich ein neues Verständnis von Qualität und Verantwortung. Der Wandel wird dann nicht mehr als Ausnahme, sondern als neue Normalität wahrgenommen.

Die Navigation durch den Kulturwandelprozess ist also eine dauerhafte Aufgabe für die Führung. Sie verbindet Klarheit mit Sensibilität, Konsequenz mit Dialog und Struktur mit Haltung. Nur wenn diese Balance gelingt, entfaltet das disruptive Potenzial der Effizienz seine konstruktive Wirkung, wird zur bewussten Neuausrichtung der Verwaltung durch aktive Gestaltung und nicht nur eine verdeckte Rationalisierung aufgrund von externem Druck. Im abschließenden Teil des Kapitels richtet sich der Blick auf die Perspektive, die sich aus diesem Wandel ergibt, nämlich der Effizienz als Grundlage dieser neuen Handlungsfähigkeit und als Chance für eine selbstbewusste, gestaltende Verwaltung.

10.4 Mut zur bewussten Neuausrichtung

Die in diesem Buch entwickelte VEA-Steuerungslogik beginnt mit einer nüchternen Diagnose, nämlich dass sich Verwaltungen vielerorts in einer strukturellen Überforderungsschleife befinden. Aufgaben wachsen, Standards verdichten sich, Ressourcen bleiben begrenzt. Effizienz erscheint in diesem Kontext zunächst als notwendige Antwort auf Druck. Doch im Verlauf der Argumentation ist deutlich geworden, dass es um mehr geht als nur um Entlastung.

> *Wer Aufgaben nach ihrem Wirkbeitrag differenziert, wer Standards bewusst anpasst und Prozesse konsequent nach ihrem Zweck ausrichtet, verändert nicht nur die Arbeitsweise der Verwaltung, sondern ihre innere Ordnung.*

Effizienz wird damit zu einem Instrument der Reflexion und Selbstklärung. Verwaltung gewinnt die Möglichkeit zurück, ihre Prioritäten bewusst zu bestimmen, statt impliziten Erwartungen zu folgen. Sie entscheidet nicht mehr darüber, wie Aufgaben erledigt werden, sondern auch darüber, welche Aufgaben überhaupt in welcher Tiefe verfolgt werden sollen. Diese Form der Entscheidung ist anspruchsvoll, weil sie Klarheit, Begründung und die Bereitschaft verlangt, Spannungen auszuhalten. Gerade darin liegt jedoch ihre Stärke. Eine Verwaltung, die ihre Ressourcen entlang eines reflektierten Wirkungsmaßstabs einsetzt, gewinnt Handlungsfähigkeit zurück, indem sie nicht allein auf externe Anforderungen reagiert, sondern ihre Zukunft aktiv und bewusst gestaltet. Effizienz wird so zur Voraussetzung für strategische Beweglichkeit. Der kulturelle Wandel, der daraus entsteht, ist kein Selbstzweck, sondern dient der Wiedergewinnung einer dauerhaften Steuerungsfähigkeit. Die VEA-Steuerungslogik hilft bei der Navigation durch diesen Veränderungsprozess. Verwaltung wird in dieser Logik nicht als unter

Druck schrumpfende und rationalisierte Organisation gedacht, sondern als fokussierte und wirkungsorientierte Gestaltungsebene. Sie ordnete ihre Aufgaben entlang dessen, was für das Gemeinwesen tatsächlich bedeutsam ist, und akzeptiert, dass nicht jede Erwartung gleichermaßen erfüllbar ist. Dabei entwickelt sie die Kompetenz, diese Unterscheidung transparent zu vertreten.

Mut zur bewussten Neuausrichtung bedeutet daher nicht den Bruch mit dem bisherigen Selbstverständnis, sondern eine konsequente, reflektierte Klärung von Sinn, Nutzen, Strukturen und Ressourcen für zukunftsfähige und nachhaltig handlungsfähige Verwaltungen. Es bedeutet Gewohntes zu hinterfragen, ohne das Fundament rechtsstaatlicher Verlässlichkeit aufzugeben. Es bedeutet, Wirkung vor Vollständigkeit zu stellen, ohne Qualität preiszugeben, und es bedeutet, Prioritäten zu setzen, ohne Beliebigkeit zuzulassen. Das hier entwickelte Verständnis von Effizienz ist damit keine kurzfristige Reformidee, sondern ein Angebot zur strukturellen Selbstvergewisserung der Verwaltung. Wer diesen Weg geht, entscheidet sich nicht nur für effizientere Prozesse, sondern für eine bewusst gestaltete Organisation mit klaren Prioritäten, transparenten Entscheidungen und wachsender Handlungsfähigkeit in Zeiten zunehmender Komplexität. Effizienz ist im Sinne der VEA-Steuerungslogik nicht das Ziel, sondern der Hebel. Das Ziel ist eine Verwaltung, die ihre Verantwortung aktiv wahrnimmt und nicht im Modus der Überforderung gefangen bleibt, sondern ihre Zukunft bewusst gestaltet.

Stichwortverzeichnis

Der Autor

Michael Ahr

Michael Ahr ist Berater, Autor und Experte für Organisations- und Verwaltungsmodernisierung im öffentlichen Sektor sowie Gründer und Geschäftsführer der Gesellschaft für Verwaltungsberatung mit Sitz in Köln und Berlin. Er beschäftigt sich seit vielen Jahren mit der Frage, wie Verwaltungen unter steigenden Anforderungen handlungsfähig bleiben und ihre Steuerungsfähigkeit stärken können. Im Zentrum seiner Arbeit steht die Verbindung von strategischer Führung, organisatorischer Klarheit und praktikablen Ansätzen zur Modernisierung des Verwaltungshandelns.

Mit seinen Veröffentlichungen verfolgt er das Ziel, die Diskussion über Verwaltungsmodernisierung aus der Perspektive einzelner Instrumente herauszuführen und stärker als Frage von Führung, Steuerung und Organisation zu begreifen. Seine Bücher verbinden analytische Einordnung mit konkreten Orientierungsrahmen für die Praxis. Dabei geht es ihm nicht um kurzfristige Reformimpulse, sondern um tragfähige Konzepte, die Verwaltungen helfen, strukturelle Herausforderungen systematisch zu bewältigen.

Im Haufe Verlag veröffentlichte er zuletzt das Buch »Personalmanagement in der öffentlichen Verwaltung«, das einen ganzheitlichen Blick auf das Personalmanagement entlang des Personallebenszyklus in den Mittelpunkt stellt und viele praktische Empfehlungen für eine moderne Arbeitsweise in den Personalabteilungen liefert. Bei Springer veröffentlichte er außerdem »Verwaltungsmodernisierung mit Methode«, in dem er systematische Ansätze zur Organisationsentwicklung und Transformation im öffentlichen Sektor beschreibt.

Mit seinen Veröffentlichungen möchte der Autor sowohl zum fachlichen Diskurs über die Zukunft der öffentlichen Verwaltung beitragen als auch konkrete Impulse für die Praxis geben. Sein Anliegen ist es, Verwaltungsmodernisierung nicht als abstraktes Reformprojekt zu verstehen, sondern als kontinuierliche Führungsaufgabe, die strategische Klarheit, organisatorische Entscheidungen und eine konsequente Umsetzung verbindet. Seine Bücher richten sich im Wesentlichen an Führungskräfte im öffentlichen Sektor, die Verantwortung für Veränderung übernehmen und ihre Organisationen aktiv weiterentwickeln wollen, sowie an die Politik, die regulatorische Vorgaben im Sinne einer leistungsfähigen und modernen Verwaltung denken und umsetzen muss und eine Einordnung der praktischen Implikationen politischer Entscheidungen benötigt.

PI13792767
9829812